# 真　理

［英］西蒙·布莱克本　著

李主斌　　　译

生活·讀書·新知 三联书店

Copyright © 2021 by SDX Joint Publishing Company.
All Rights Reserved.
本作品简体中文版权由生活・读书・新知三联书店所有。
未经许可,不得翻印。

**图书在版编目(CIP)数据**

真理/(英)西蒙・布莱克本著;李主斌译. —北京:生活・读书・新知三联书店,2021.11
(通识文库)
ISBN 978-7-108-07284-9

Ⅰ.①真… Ⅱ.①西…②李… Ⅲ.①真理 Ⅳ.①B023.3

中国版本图书馆 CIP 数据核字(2021)第 193794 号

First published in Great Britain in 2016 by PROFILE BOOKS LTD.
The moral right of the author has been asserted.
All rights reserved. Without limiting the rights under copyright reserved above, no part of this publication may be reproduced, stored or introduced into a retrieval system, or transmitted, in any form or by any means (electronic, mechanical, photocopying, recording or otherwise), without the prior written permission of both the copyright owner and the publisher of this book.

| | |
|---|---|
| 责任编辑 | 杨柳青 周鹏 |
| 封面设计 | 黄越 |
| 出版发行 | 生活・讀書・新知 三联书店 |
| | (北京市东城区美术馆东街22号) |
| 邮 编 | 100010 |
| 印 刷 | 常熟市文化印刷有限公司 |
| 排 版 | 南京前锦排版服务有限公司 |
| 版 次 | 2021年11月第1版 |
| | 2021年11月第1次印刷 |
| 开 本 | 889毫米×1092毫米 1/32 印张 4.75 |
| 字 数 | 81千字 |
| 定 价 | 36.00元 |

真理是什么？我们可能会说，真的东西即如是情况的东西，这是一个其实在性被我们周围的世界所证实的想法。但是，当我们谈论宗教信仰、美学判断或道德窘境时，这会把我们带到哪里呢？

在本书中，哲学家西蒙·布莱克本解释了真理是什么，介绍了接近和理解真理的不同方式，并揭示了它的重要性。他将为读者提供理解和运用真理的方法，描述主要的研究思想（approach）——从符合论到实用主义，极小主义和语义性真理论——并展示这些是如何与信念、解释、事实、知识以及行动关联起来的。

此外，他还研究了这些进路如何可以应用于从生活品味到美好生活的艺术，以及宗教信仰和宇宙的终极因。关于真理是什么，这一简短的导论（它给人启迪、信息丰富且富有娱乐性）揭示了对它的理解在生活的各个方面的实用价值。

本书是 *IDEAS IN PROFILE* 系列丛书的一部分，该系列丛书生动、精辟地介绍了许多大问题（big topics）。

# 目 录

前言 001

第一部分 经典进路 001
  1. 符合论 004
  2. 融贯论 014
  3. 实用主义 027
  4. 紧缩主义 042
  5. 塔斯基和语义性真理论 059
  6. 小结 063

第二部分 诸种探究 067
  7. 品味的真理：艺术中的真理 069
  8. 伦理学中的真理 083
  9. 理由 098
  10. 宗教与真理 104
  11. 解释 117

| | |
|---|---|
| 注释 | 124 |
| 进一步的研究 | 129 |
| 索引 | 135 |

# 前言

这是我名下第三本标题中含有"真理"一词的书，所以或许有必要给出一些解释。第一本书是经典哲学和逻辑文章的汇集，它是我与从前的同事凯斯·西蒙斯（Keith Simmons）于1999年一起合作完成的，作为牛津哲学系列读物的一本。因此，除了我对我们的联合介绍的贡献外，它绝不是我对自己观点的阐述。第二本我称其为"困惑指南"，它主要是与怀疑主义和相对主义做斗争。相较于当下，怀疑主义和相对主义在千禧年之际无忧无虑的"后现代"世界中要更为流行些。那时，战争、宗教不宽容和恐怖主义都没有发生，因此，相比于现在（它们是日常生活的普遍特征），人们更容易认为，怎样都行（anything goes）。在那本书中，我指责了一些哲学家，尤其是理查德·罗蒂（Richard Rorty）和唐纳德·戴维森（Donald Davidson），他们在我看来，过于接近相对主义的真理观。但是，当优秀的哲学家误入歧途时，通常也会有一些真理，本书即试图对这些作家的实用主义特征，以及实用主义传统中的其他作家，给予更完整的正义。

所以，这本书的进路是非常不同的。它简要阐述了理解真理的经典进路，然后将本书的后半部分献给美学、宗教、伦理学和解释性学科（interpretive disciplines）等领域，在这些领域中，真理似乎特别具有短暂性和无休止的争议性。这样做是要表明，如果我们认真对待边沁（Jeremy Bentham）和皮尔斯（C. S. Peirce）的话（见第7页的题词），那么就能更好地理解关于真理的所有实践。这意味着什么，这一点须在适当的时候展开，但是当它展开时，我们所获得的，就不仅仅是对真理的老问题有了新看法，而且对哲学实践本身也有了新的认识。主题的选择必然是不完整的，因为哲学家们已经研究了真理，而我们尝试在超出讨论篇幅的更多领域中找到真理。知觉判断、数学调查、科学真理、关于可能性和必然性的真理，它们各自产生了数量庞大的文献。但是，为了避免对太多的东西进行表面处理，我试图跟随一个特定的线索，看看在特别有争议的有限几个领域中它会把我们带到哪里。这条线索如何被进一步扩展，我希望它是明显的，并且对于读者，思考这一点将是一种练习。哲学就像园艺活动一样需要练习才能理解。尽管我希望提供一些提示、建议和示例，但重点是启动程序，而非提供成品。为了激起人们的胃口，我可能会说，这也是我从边沁和皮尔斯那里得到的教训。

多年来，我一直受益于诸多的同事、朋友以及论著。我想特别提到爱德华·克雷格（Edward Craig）、艾伦·吉巴德（Allan Gibbard）、罗伯特·克劳特（Robert Kraut）、休·普莱斯（Huw Price）以及迈克尔·威廉姆斯（Michael Williams），他们都影响了我思考这些事物的方式。十分感谢克里斯·胡克伟（Chris Hookway）和谢丽尔·米萨克（Cheryl Misak）关于美国实用主义传统的作品，感谢安德鲁·斯图尔夫·莫里森（Andrew Stumff Morrison）刺激我思考法律中的真理，感谢托马斯·霍尔顿（Thomas Holden）提供我关于托马斯·霍布斯（Thomas Hobbes）的引人入胜的（对我来说，新的）材料，感谢凯瑟琳·克拉克（Catherine Clarke）的鼓励，以及约翰·戴维（John Davey）对这个项目的信任。

人们常常伸长手去摘星星,却忘记了他脚下的花朵。

〔杰里米·边沁(Jeremy Bentham)[1]

我们不能从讨论纯粹的观念(它们是在无人居住的公共道路上游荡的胡思乱想)开始,而必须从人们以及人们的对话开始。

C. S. 皮尔斯(C. S. Peirce)[2]

第一部分 经典进路

有一种神圣的气氛笼罩在真理之上。真理是探究的目标，是实验的目的，是标志正确地相信某物与错误地执着于某物之间区别的标准。我们必须巴结它，因为当它缺席时，我们会困惑会迷失，甚至在错误的轨道上渐行渐远。欺骗是对这一神性的侮辱，也是对其目标的侮辱。有时候（也许比想象的更频繁）真理隐藏自己，于是我们不得不忍受简化、模型、理想化、类比、隐喻，甚至神话和虚构。这些可能是有用的，但它们最多只是为通往真理的祭坛铺路。有时候，我们不得不满足于意见或猜测，但是，通过侍奉之神（attendant deities），如理由、辩护和客观性，真理之神可以被伺候得更好。一旦我们拥有了它，真理就会投射出诸种好处，如知识，以及（也许是最值得注意的）应对这个世界的成功。

正是神学尝试揭示其他神的本质（其成功令人怀疑），但是，是哲学在与真理的本质搏斗。它是如何着手的呢？

# 1. 符合论

好的地图符合其风景。根据图示约定（mapping conventions），如果一个符号显示某处有一条道路，那么在该处就有一条道路，如果它显示的是一条河，那么该处就有一条河，如此等等。约定并非总是显而易见。我们可能甚至不知道哪片土地是地图所描绘的（想象一下海盗的藏宝图），并且可能不知道该约定。一条红色的短线看起来并不像一条道路，一条细细的蓝线看起来并不像一条河，而且有一些地图无视其他地图所使用的约定。非常有名的是，经典的伦敦地铁地图所显示的车站之间的距离在很大程度上与地上的实际距离不符，然而在大部分地图上，它们是相符的。因此，读图需要训练的技巧。但是，一旦理解了约定，一幅好的地图将与地面上所发现的东西相符。一幅好的肖像甚至更像一张脸，因为一幅肖像可以显著地看起来像一张脸——在差的光线下，一个人甚至可能错误地将一幅肖像看成一张脸，或者反过来——然而，一张地图通常不会看起来像一片风景。当然，两者都可能出错，糟糕的地图或肖像并不以各自恰当的方式符合其目标。

哪些种类的东西可以是真的？为了研究的目的，我们应该抛开下述意义的真：某个朋友可能是真的

（即忠诚的），或者某个统治者可能是真的（即正直的）。这里，我们仅关注那些我们所断定或思考的东西。它们通过指示性（indicative）语句——我们用这类语句声称某物**是**如是情况——而被给予标准表达。我们可以说，由这样的语句所表达的信念——或者思想、断言、判断、命题——是真的。问题本身不存在真与假，尽管它们可以被正确地（truly）或错误地（falsely）回答。禁令或者命令也不存在真与假，尽管它们可以被遵从或违背。如果我们认为思想有真假，我们也应该注意到，人们可能怀有某种思想，但未断定它。我可能想知道是否有人吃了肉，然后（通过发现他吃了）断定这一我先前犹豫不决的思想。除非它被断定，一个思想不因为它是假的而有过失——在消磨时间时，我们可以足够愉悦地持有假的思想——但是，断言或信念应该（is supposed to）是真的，并且如果它不是真的，它就有过失。所以接下来，我将把信念和断言看作真假的首要候选者。信念据说是依据其内容——使其为真或为假的东西之总和（sum total）——来确定的（identified）。

信念在这一意义上是公共的。我可以和你相信相同的东西，交流之所以可能正在于此。说不同语言的人可以拥有相同的信念，尽管这里可能存在精确翻译的困难。为了研究真理，我将把下述问题悬搁起来，即是否存在不可表达的信念，即缺乏语言载体的信念。

由于存在失语的体验，由于存在一些觉得有东西可说又不知道它是什么的体验，人们常被引导去假定存在不可表达的信念。但是，当我们处于这种令人沮丧的状态时，我们想方设法谈论某些东西，这恰好等同于想方设法相信某些东西。在这一状态中，我们并不是这样的：知道相信什么，同时却又不知道说什么。类似地，我们可能认为动物有思想或信念，但它们没有语言表达的手段。当我们这样做时，我们可以说，我们所认为的正是它们所相信的：如果我们在其规避行为（avoidance behaviour）的基础上说，某只鸡相信某些谷物是有毒的，那么我们就找到了词汇去说，我们所认为的就是它所相信的。

关于真信念，可以很自然地说的第一点是，如同肖像或者地图，它们也应该符合某物。它们应该符合事实——这个世界所是的方式。这一观点通常被追溯到亚里士多德："说是者是，或非者非，即为真。"真陈述按照某物所是的那样谈论它；真信念正确地把握事实。这个世界证实它们。

哲学家们经常说些奇怪的话，但没人否认真信念符合事实：它是不言而喻的，是无人怀疑的陈词滥调。哲学家们怀疑的是，它是否说出了有用的东西，还是不过是在倒腾词汇？真理符合论必须说出更多的东西。它必须增加如下一点：符合事实是理解真理的关键。很多哲学家实际上怀疑这一点。他们担心，"符合事实"不过是"是真的"之精致的同义词，而非关于后者的有用阐释。问题在于，我们对于事实（作为一个范畴），以及符合（作为信念或陈述与事实间的关系）是否有正确的理解？哲学家们在这两者中都发现了困难。

实际上，这样说是轻描淡写了。20世纪诸多最富影响力的哲学家竞相对下述想法表达了蔑视：符合论给了我们一个真正的真理**理论**，或者对于真理的说明。"符合的想法与其说是错误的，不如说是空洞的。"唐纳德·戴维森说道[3]。作为对皮特·斯特劳森（Peter Strawson）的"符合论需要的不是净化，而是消除"的呼应，理查德·罗蒂说道："真理即是符合，这一直觉应该被消灭，而非辨明。"[4] 其他巨人，如尼尔森·古德曼（Nelson Goodman）、威拉德·凡·奥曼·蒯因（Willard Van Orman Quine）、希拉里·普特南（Hilary Putnam），以及尤尔根·哈贝马斯（Jürgen Habermas）都说了类似的东西。

为了理解这些攻击，首先考虑一下事实吧。许多人对某些事实范畴有些不安。人们经常想知道，是否存在伦理事实（给定那些难缠的伦理分歧）或者美学事实（给定人们对于品味和偏好之顽固的差异）。在有些领域，事实似乎充其量是难以捉摸的，甚至可能不存在。相比之下，我们可能认为好的、具体的事实是那些处在我们观察之下的事实：例如，当我写字时我的面前有一台电脑，或者我穿着鞋子。但是，由此一来，也存在这样的事实：我的面前没有一头狮子（否定事实），或者如果我试图朝某个方向走，我将撞上一面墙（条件事实或假言事实）。我是以发现关于电脑和鞋子的事实相同的方式发现这些事实的吗？我非常确信它们，关于这一点没有任何疑问。但是，我的信心不是来自于我看到的东西，而是来自于我没看到或碰到的东西。它是对我的情境（situation）的**解释**，而解释一个情境不过是拥有一个关于该情境的**信念**。现在看来，发现一个事实，如我的面前没有狮子，与相信我的面前没有狮子，几乎是同一回事。这样，事实就丧失了作为独立实体（信念必须符合它）的地位。我们可以比较地图与风景，或者肖像与模特：这是一个，这是另一个。但是，如果我们坚持，存在如此这般（such-and-such）的事实不过就是相信有如此这般的东西，那么，我们就不能比较事实与信念。"如果我们只能通过自己的观念这一媒介知道事实，那我们就永远不会理解事实。"[5]

这就好像，在我们的心灵中，事实并入了信念。事实与信念通过相同的指示句来确定，这不是偶然的：这是我们给予它们的逻辑。它不是这个世界的礼物，不是独立的、与心灵有幸能反映的电脑、鞋子并列的"事物"。正是我们在谈论事物，并且当我们这样做时，我们使用相同的语句来确定我们的信念，以及我们希望是事实的东西。

当然，我们可以（而且必须）坚持，关于这个房间的事实（即这里没有狮子）是一回事，关于我自己的事实（即我相信这一点）是另一回事。它们是独立的：这个房间里可能没有狮子，而我对于是否如此毫无想法，并且我可能在房间里有狮子时很不幸地认为房间里没有狮子。对这个房间的研究不同于对我关于它的信念的研究。但这恰好是说，这个房间里没有狮子，这一判断不同于另一个判断，即我（西蒙·布莱克本）相信这个房间里没有狮子。关于这个房间的判断不是关于人的判断，我关于这个房间的判断也不是关于我自身的判断。同意，但这并不意味着，这两类判断中的任何一类，通过将信念塞进相同形状的东西中，本质上是关系性（relational）或比较性（comparative）的。

我们可以通过另一个其他例子，以不同的方式看到这一困难。几乎每个人都知道自己母亲的名字，因此，你心里有一个信念，即你母亲的名字是如此这般（such-and-such）。现在，请进入如下程序：首先关注（attending）该信念，然后关注如下事实，即你母亲的名字是如此这般，最后比较这两者。我猜想你会发现自己很困惑。该信念并不将自身作为一个"物"或存在（presence）呈现在你的意识里。你非常相信它，但这不是对某个精神事物或结构的认识，它更像是一种倾向，你不过是倾向于通过给出她的名字来回答如下问题：你母亲的名字是什么？你可以无须思考或怀疑而这样做，这个名字不过是涌上你的心头。你母亲的名字是如此这般，这一事实也不会作为信念的一种幽灵般的分身进入你的视野。所以，相信某物（等价于相信它是真的）不是一个三方（tripartite）过程：在心灵中固定 A，然后 B，然后比较两者以查看是否相符。但是，符合论看起来却要求这是它所应该的样子。

使人对事实（作为思想和信念可以符合的范畴）不安的另一种方式是反思事实与对象（或者对象的结构）之间的差别。维特根斯坦曾要求我们考虑一下埃菲尔铁塔（一个硕大的、结构性对象，它反射光线并且重达几千吨）和一个关于它的事实（即埃菲尔铁塔位于巴黎）的差别。他指出，尽管将埃菲尔铁塔移到柏林，这是可能的，但是你不能将埃菲尔铁塔位于巴黎这一事实移到任何地方。不同于事物，事实不居于任何位置，并且无法移动。事实不是一个可定位的结构。同样，德国逻辑学家戈特洛布·弗雷格（Gottlob Frege）曾说过："太阳升起来了，这不是一个发出光线到达我视野范围的对象，这个事实不是一个像太阳一样可见的事物。"[6]

情况之所以看起来是这样，肯定是因为存在一些我们称之为"直面事实"的过程。如果我漫不经心地说，橱柜里没有马铃薯，那么，我的妻子可以用橱柜中有马铃薯这一事实来质疑我。这个过程是一个检查信念、探究真理的过程，而有针对性的观察是实现这一目标的康庄大道。同样，如果你担心自己可能搞错了你母亲的名字，那么原则上你就可以开展一个探究。你可以看看她签名的旧信件，或法庭记录，或出生证明，你甚至可以直接问问她。这样的过程可以（而且通常应该）证实或证伪你的信念，它们可以消除你的疑虑。当然，只要你认为它们是它们看起来的样子，它们将做到这一点。但是，这反过来又是一个是否相信它们的问题。一张纸是无用的，除非你认为它是她的书信之一。法庭记录是无用的，如果你认为它是别人的法庭记录。如果你不确定是否是你母亲在说话，或者不确定她是否有痴呆症，那么，她对自己名字的公开宣称就是无用的。即使是检查那些在我们看来不过是简单事实的东西，也总是需要解释和信念。橱柜中看起来是马铃薯的东西可能根本不是马铃薯，而不过是伪装的或戏弄人的假马铃薯（这一点也可以检查出来）。

或许，如果我们考虑原始（brute）的经验，或者纯粹的感觉，那么会出现最好的未加解释的直面事实。一阵吱吱声、一股气味或瞥一眼（glimpse），毫无疑问可以引起这样的信念：老鼠进了厨房、路虎在烂泥中挣扎，或者橱柜里有马铃薯。解释可能是显而易见的并且是自动的，但是感觉要变成信念还是需要它：对于没经验的人来说,吱吱声或气味或瞥一眼不会提示任何东西。瞥一眼与土豆之间的这种联系太亲密了,但是依然需要解释。感觉自己不能超出自身。威廉·詹姆斯(William James)曾这样表述这一真的情境(true situation):

> 感觉就像是诉讼委托人,他把自己的案件委托给辩护律师,然后被动地在法庭上旁听(高兴地或不快地)律师认为最有利于他的对他案件的任何陈述。[7]

在心灵哲学中,是否存在未加解释的感觉,或者是否所有感觉都含有解释,这是有争议的。无论哪种情况,就真理而言,只有通过解释,我们才能获得真理的候选者。否则的话,感觉依然是一个哑巴,一段瞬间经验,我们对其无所作为。正如詹姆斯在其他地方所说的,"新的经验不过是产生了(come)并存在着(are),真理则是我们对它们的表述"[8]。顺便说一句,哲学史上的诸多讽刺之一是,尽管有这样的格言,詹姆斯经常(并且有一些道理地)被指责持有下述观点,即宗教人士所宣称的慰藉、渴望或狂喜的经验本身是一种真理(给定它们在主观上是有用的),而忘了只有通过神学术语(divine terms)对它们的解释才可能是真的或假的。但是,这样的通过超自然的作用或对未来的期待来刻画的观点会因此受到公众的审查和批评[9]。关于詹姆斯，后面在讨论实用主义真理论时，我们还会讲到更多。

尽管我认为，对于真理符合论的最强反驳是，它是空洞的，但这并没有穷尽人们所提出来的拒斥它的论证。有些人说，它远不只是空洞的，它还是有害的，它对于心灵与世界相关联的方式暗示了一幅错误的图景。人们认为，它将我们看成是被动的接受者，只是反映自我解释（self-interpreting）或现成的世界，而非负责任、积极的探索者，我们自己的关于事物范畴和解释的作者。有些人说，它蕴含了"形而上学实在论"，根据后者，存在一本真的、完整的关于世界的书，我们的任务就是阅读它。另一些人说，它使这个世界变成了康德式的"物自体"，超出了我们的心灵为处理它而形成的范畴，并且因此为彻底的和无法回应的怀疑主义打开了大门。要搞清楚这些抱怨中哪些东西是公正的（如果有的话），将是一项长期的工作。然而，有一件事情很明显，即真理符合论不能被指控为既是空洞的，又糟糕地让人误入歧途。你可以指控其中之一，但不能同时指控二者。如果它是空洞的，它就不能是危险的。同样，如果它是空洞的，它就不能很好地应用于某类判断，如关于环境的常识评论，也不能应用于其他类型的判断，如伦理的或美学的判断。

## 2. 融贯论

如前所述,"直面事实"中的这些困难使很多哲学家对如下做法不抱希望:将符合论当作是理解真理的钥匙。相反,他们强调心灵(基于长期实践和学习过程所形成的范畴和思想禀赋)在积极解释任何感觉材料时的作用。如果回到前一节那个主体,他想减轻自己关于母亲名字的困惑,我们就会发现,对信念之真理最简单的探究将需要其他解释、其他信念,直到怀疑最终被消除。希望在于只有一幅融贯的图画出现,在这幅图画中,签名信的发现、法庭记录、证词、供认(recognition),所有这些汇聚在一起证实了一个答案。当然,如果我们不幸运,这并不会发生。探究可能失败,怀疑依然存在。但是,这一过程通常是有效的,并且只有一个被辩护的判决出现。

那么,我们还可以寻找到什么?我们显然同意,真理是探究的目标。但是,如果探究必须满足于融贯的、相互关联的(interlocking)结构之终点,必须满足于我们关于某个主题的所有信念在其中相互吻合(即没有需要消除的严重怀疑)的"反思平衡",那么为什么不说,这恰好就构成了真理?为什么不满足于融贯性(这是我们可以获得的),反而去幻想这里的信念直面那里的事实(这是我们不能获得的)?这就是"真理融贯论"的建议。

我们可能担心,即使我们完全偏离轨道,依然可能获得平衡。我们将备受一种巨大怀疑主义的折磨。这种怀疑主义是笛卡尔提出的,因此被称为笛卡尔式怀疑主义。它是这样一种怀疑,即尽管所有东西都关联在一起,但我们可能处在完全错误的轨道上,生活在愚人的天堂中,被真正的事实、真正的真理永远拒之门外。这一可能性被戏剧化地表述为如下观点:我们可能是被某个疯狂的科学家所控制的"缸中之脑"。(这个疯狂的科学家有着神一样的力量,因为他擅长于欺骗我们,让我们感觉像待在家里一样。)有一些论证认为这并非仅仅是一种渺茫的可能性,但就目前而言,我们可以这样认为:除了在某些领域中(在适当的时候我们会谈到这些领域),这样的怀疑思想会逐渐消失。当我们行动时,这种怀疑无立身之地。即使哲学家们在研究时抱有这种奇怪的想法,他们也像其他任何人一样,迅速地把一个场景解释为一辆载有他们的公共汽车,并相应地跳出去。因此,融贯论者认为,对绝对可靠的基础、确定性的基石(它们拒斥最坚决的怀疑主义)的笛卡尔式探寻走错了方向。我们不能从非真实的、仅仅是纸上谈兵的怀疑开始,而要 *in medias res* [1]——从事物

---

[1] 拉丁文。在原著中,破折号后面是它的英语翻译;这里,我们仿照原著,仅翻译后面的英文。本书后面还有几处类似情况。——译者

的中间开始。当我们面临需要解决的怀疑,并且探究如何解决它时,我们并不会清空心灵,然后从无知的白板开始。我们依赖于自己所知道的东西,像通常所做的那样做出推理,并且根据我们的试验和实践程序来评估证据资源。为了解决怀疑,我们会尽可能少地扭曲我们关于世界的总体图像。

真理融贯论在 19 世纪拥趸颇多,部分原因是出于康德和黑格尔的影响,这一点尤其体现在受他们影响的英国哲学家(英国唯心主义者)的思想中。它的一个推论是,信念并不以这样的方式属于整个系统:鹅卵石躺在沙滩上,彼此无关,独立于它们的邻居。相反,它们有机地属于世界的整个系统或理论,就像手属于手臂或手臂属于身体那样:这一相互关联的系统具有活体的特征,是一个有机整体,其中,每个部分恰好凭借它是整体的一部分而获得其价值。这一观念被称为信念系统的整体论,它将人们的注意力从表达单个真理的单个语句转移到整个信念理论或系统。为了说明这一点,想想初等算数的学习。你并不是一次一个地学习 13 大于 11,或者 26 是一个偶数,你学习了整个系统,以及相互关联的推理和应用的整个集合,然后,如维特根斯坦所说的,"光明逐渐照亮整个世界"。

在 19 世纪,融贯论具有半宗教色彩:人们认为,理想的融贯性只属于无限心灵的思想。其中,无限心灵指的是这样的心灵，它能包含无穷多相互关联的信念，是某种类似于上帝心灵的东西。唯心主义者将其命名为"绝对（the Absolute）"。任何这样的东西都只能在人类精神发展的终点得到，但是，就像彩虹的终点，凡人永远到达不了。

这些思想可能再次引发悲观主义或怀疑主义。我们最多能得到融贯性，但我们的融贯性不是神的融贯性。这种想法再一次出现了：我们可能正在错误的轨道上步履蹒跚，与现实世界脱节。其思想是，无论我们对之有多么熟知，常识与科学的经验世界不过是隐藏起来的、拥有不同本质的实在的表象。用康德的行话来说，由椅子、桌子、轿车和公共汽车组成的日常世界是"经验上真实的"——我们的感官告诉我们是真实的——但却是"超验地唯心的（transcendentally ideal）"——我们的心灵编织（structure）实在（我们对其没能形成任何想法）之方式的产物，因为在形成任何这种观念时，我们都将退回去利用心灵的编织能力。这一康德式教条令人满意地给予了维多利亚时代的哲学一种虔诚的、宗教式友好的色彩（"现在，透过黑暗的玻璃，我们看到……"）。

存在一个对于真理融贯论的标准反驳。这一反驳，由于伯特兰·罗素（Bertrand Russell）在其《哲学论文集》（1910）一书中所举的一个例子，被称为"斯图布斯（Stubbs）主教反驳"。牛津的融贯论者乔基姆

(H. H. Joachim)认为，真正的真理不属于单个信念，而仅属于相互关联的、上帝般的"整体真理"（我们永远无法获得这样的真理）。单个信念仅仅是部分为真。当我们把部分真的东西看成是完全真时，由于我们错误的肯定，错误出现了。罗素争辩说，如果情况如此，那么被安全自信地持有的"斯图布斯主教穿着教会的长筒橡胶靴"会被认为是错误的，而作为一个假设被适度自信地持有的"斯图布斯主教死在绞刑架上"（它可能是关于此人生命之相互关联、融贯的故事的一部分），因此会被看作真的。但是，历史告诉我们，牛津杰出的、受人尊敬的主教威廉·斯图布斯穿着教会的长筒橡胶靴（他死的那一天如此），这是真的，而他死在绞刑架上则完全是错误的（他于1901年死在自己的床上，享年75岁）。

尽管对于真理融贯论的某些轻率（wilder）表述，罗素有趣的反驳可能有些力量，但是对于更谨慎的表述，我们很难说它是有效的，其最明显的原因可能是，斯图布斯主教死在绞刑架上这一想法无法进入正确的（properly）融贯的**信念**系统中。只有作为幻想的结果，它才能进入信念系统。但是首先，尽管有时候我们可能对那些证据非常少的事情深信不疑，但我们不会允许自己去相信任何作为幻想的结果的东西。如果你告诉我，你刚刚梦见了某些东西，那么，你没有向我提供任何相信它的理由。其次，如果一个原则允许人们去相信幻想的东西,那么,该原则将迅速导致令人绝望的不融贯。一个人可以幻想所有种类的东西是真的:不仅是斯图布斯主教死在绞刑架上,而且他还死于过量食用香蕉、淹死在海里,如此等等以至无穷。由于这些中的任何一个都可以属于某个融贯的虚构,因此融贯论需要限制,需要确定**正确的**融贯系统的原则。

因此,融贯论者对于融贯的本质有权指定更高的要求。需要避免的景象是,信念系统,如哲学家约翰·麦克道威尔(John McDowell)所说的那样,"在虚空中没有摩擦力地旋转"[10]。仅当我们能够确保,正确的融贯的信念系统包含相当严肃的限制时,这一景象才能避免。这些限制必须通过"元信念(meta-beliefs)"——关于信念如何才配进入该系统的信念——来给予描述,而且我们确实拥有这样的元信念。仅当一个思想拥有一个谱系,它才有资格成为一个信念:它应该是某些探究和解释过程的结果,这些过程赢得了他们的信任,并且有其一般性应用。绝大部分信念通过我们的知觉经验(为了检查橱柜中是否有马铃薯,我们走过去看一看),或者(在历史信念的情形中)通过我们对文本或档案的研究,进入我们的信念系统。在科学信念的情形中,我们有完善的实验和观察程序。

当这些失败时,我们会悬搁信念,但它们往往不会失败。特别是在观察过程中,这个世界提供了麦克道威尔想要的摩擦和阻力。当我们感到惊奇时,这个世界露出了它的牙齿,并展露出它对错误预期的明显(unmistakable)抵制。正是在这里,原始的(brute)直面事实的想法找到了归宿。其想法是,通过观察或不那么直接的方法,我们把自己放置在一种与我们倾向于相信的真理**因果共变**(causally co-varies)的状态中。通过查看橱柜,我把自己置于这样的因果影响中:如果我获得关于马铃薯的视觉、味觉或者触觉,那么它将使我处于一种状态中;如果我没有获得这些感觉,那么它将使我处于另一种状态中。正是借助于这些知觉状态,我才有资格说自己是"橱柜中是否有马铃薯"这一问题的权威。直面事实并不完全是原始的,这一点依然是真的:我的解释可能是即时的和自动的,但并非对于所有情况都必然如此。实在使其自身得以被恰当感知,但它需要一个心灵对它作出判断。它赠予礼物,但只给那些已做好接收准备的心灵。这样的心灵可以对事物所提供的摩擦和阻力有所理解:不仅仅是那些我们已经遇到过的吱吱声、气味和瞥一眼,而且包括我们从小就发展出来的日常的、无可争议的大量解释。

在这一点上,我们甚至可以说,符合论者至少有一半是正确的。说信念符合事实,这可能并不具有理论上的优势。但是,我们自身**应答**(respond to)事实,这肯定是真的,并且忘记这一点会在理论上产生灾难性后果。当我们考虑涉及它们的知觉信念、探究过程（包含听取线人线报、在图书馆查阅资料或者在实验室做实验）时，这一点是显然的。从知觉到解释之路可以是短暂且直接的，或者漫长、曲折且易错的，但是，只要有这样一条路，我们就有一个关于真理的立足点。

在尝试解释观察所提供的限制（即威廉·詹姆斯所谓的"感觉世界的强迫"）的重要性时，融贯论者常常支吾其词。由于对解释无处不在的印象过于深刻，他们常常跳到这一结论，即"除了另一个信念，没有什么东西可以作为持有一个信念的理由"[11]。但是，这给人以误导。首先，不是那些无人拥有的（disembodied）信念被辩护，而是人们在相信某物时被辩护或不被辩护：一个人可能在相信某物时被很好地辩护，但另一个人，由于所处的位置更糟糕，则没有被辩护。把自己置于合适位置的首要标志是直面证据，把自己置于因果过程中，这样你的状态就容易随着待确定的事实而变化。以此方式，把握其气味对于路虎在烂泥中挣扎这一信念的辩护就是一个不可或缺的（integral）部分。该气味导致了该信念，并且，除非（并且直到）有进一步的证据，否则它也是辩护该信念的必要（essential）部分。如果该信念仅是突然出现在一个人的头脑中，那么它缺乏这一辩护。所以，并非仅仅是我的信念"这里有一股泥泞的气味"辩护了我的信念"路虎在烂泥中挣扎",如下事实也辩护了该信念:该信念是通过可靠的过程导致的。所谓"可靠的过程"指的是,这一过程对于任何像我(有嗅觉,也能够很好地记住路虎在烂泥中挣扎时的气味)这样的人来说是可靠的。我们可能希望路虎今天能保持清洁,但是这一气味提供了它与世界的摩擦。这正如铃声使得巴甫洛夫的某只狗流口水,并且意味着它在恰当地流口水的意义上被"辩护了",因为它有将铃声与接下来的食物联系在一起的经验。一只不能建立该联系的狗会表现差些,而一只随机流口水的狗则会浪费其能量。用关系逻辑的语言来说,戴维森的错误是认为,在关系"X辩护了Y"中,可以替换X的只能是信念。实际上,在基础层次,它至少包含一个元素三件套(trio of elements):对于个体a的因果影响+a的经验丰富的解释+a的信念。这一关系的值域(range)——Y的可能替代——包含的不是抽象命题或信念,而是具体的情境(个体a持有信念p)。[1] 在相信我们所相信的东西时,是我们(或者扩展一下,其他动物,如巴普洛夫的实验中的狗)被辩护或没有被辩护。

经验限制给(大多数)信念提供了适当的谱系:经验既简单地使我们拥有它们,也在我们拥有它们时

---

[1] 不那么正式地讲,这只是意味着,戴维森是对在真实的经验压力下形成信念的真实的人的具体情境进行了抽象,而正是这种抽象造成了损害。

给了我们辩护。这种确认，通过复杂的理论和推论之网，可能是非常间接的。但是，在最简的情形中，它不过意味着，已经看过或听过的人，以及认识到他是基于这种观察而宣称情况是如此的人，拥有一种权威，这一权威是没有上述任何资质的人所缺乏的。当然，这些中没有一项能够保证，在观察和证实的过程中不会有错误。即使是经验丰富的观鸟者（birdwatchers）也知道，应该确认一下简短的一瞥所提示的鸟的身份。律师也经常抱怨对事件亲眼所见（eyewitnesses）的不可靠性。我们的默认设置可能是倾向于接受他人的证词，但是当我们怀疑这些人可能存在欺骗我们的动机，或者正在干一些可怕的荒谬之事（improbabilities）时，我们再这样做就是非常不明智的。

这些脚踏实地的常识性想法，驳斥了斯图布斯主教反驳从而捍卫了融贯论，它们也通过驳斥"一个完全自我封闭的思想世界，在虚空中没有摩擦地旋转"的说法从而捍卫了融贯论。我们改变和校正信念的过程通常始于环境对我们的因果影响，并且，当这些影响令人惊讶时，它们会改变我们的想法。如果我们认为过马路是安全的，那么突然迫近的卡车会使我们改变想法。如果我们这样做了，那么它是一个幸运的校正。他人的话语也许能够、也许不能够做到这一点。一旦我们认为，关于某个好的主教之死，有人——仅仅是因为他觉得这样的想法很有趣——正在编一个恶意诽谤的故事，那么他就会信誉扫地。

那么，如何看待下述观点：任何不是完全真理的东西都仅仅是部分为真？人们可能会想到，给出完整的故事是很困难的。如果我们试图描述某些复杂的人类事务（human affair），那么，不完整的叙述可能使我们是有偏见的或者片面的，并因此仅仅是部分为真。我们可以合理地担忧，我们需要听听故事的另一面，然后继续是另一面，无休无止。但是只有某些情况（特别是那些涉及责任或责怪分配这类情况）才是这样的。日常的确定性并不要求我们在获得任何真理之前先获得整个真理。举例来说，我自己的信念毫无疑问在很多方面是不理想的。我不知道它们是否如我希望的那样关联在一起，并且肯定有一些我不知道、也无法知道的东西。没有人拥有无限的心灵，并且没有人不犯错。尽管如此，我相信（例如）我的名字是西蒙，这不是"部分为真的"，无论这可能意味着什么（西莫内？萨蒙？）。它是完全、无可争议的为真，完毕。我知道它是真的，其他很多人也同样知道。它是我们可以站立其上的坚实地面。对它的怀疑是不真实的，仅仅是一个纸上的怀疑。

当某个信念系统与信念凭借其而有资格属于该系统的原则互相支持时，我们就可以把这类受控的融贯称为完全的（rounded）或彻底的（complete）融贯，并且尽管有罗素的批评，它作为一个真理理论，依然有很多优势。如果缺乏完全的融贯，那么，融贯论的信徒就不能合法地宣称他掌握了真理。如果一个人明显是随意地相信某些权威、文本或者证据，同时忽略其他东西，那么他就失去了任何完全的融贯：这就是教条式的宗教原教旨主义所面临的问题。如果某些人认为地球大约有六千年的历史，我们就不得不问，为什么他们抛弃大量科学、历史和权衡证据的原则，这些是他们通常所依赖的东西，却恰巧在这样的语境中被他们所忽视。我们不太可能得到满意的答案，但只要他们不得不回避问题和编造谎言以避免彻底的不融贯和矛盾，他们的观点就失去了任何可信度。

最后，我们关于世界完全的、融贯的看法可能永远与实在隔绝这一恐惧又如何呢？这一恐惧被戏剧化地表述为：据我们所知，我们可能是缸中之脑。哲学家们有时希望证明，下述情况甚至不存在单纯的逻辑可能性：我们关于世界的看法的所有基本信条都是错的。一个简单的论证是，我们永远无法证实情况确实如此，而我们不应该支持无法被证实的可能性。这听起来有些快。一个更流行、更迂回的论证源于这样的东西，它们是我们为了理解某个世界观或"概念框架"所一开始就需要的。唐纳德·戴维森又一次有力地论证道，为了确定一个群体所使用的语言，我们必须利用"宽容原则"来假定他们大体来说相信真的东西并且渴望对他们有利的东西，否则的话，解释程序永远无法启动。该论证继续道，大致来说，如果其他人打算诠释我们，那么同样的原则仍然适用，因此，没有任何恰当的解释程序可以将我们对世界的看法描述为彻底错误的。如果没有任何恰当的程序可以给出这一结论，那么我们就可以假定，这样的结论——我们是如此错误地理解了我们的世界——必定是假的。我们可以合理地说，所有这样的论证都是有争议的：在虚拟世界中，一个完全黑客帝国式的存在由于包含了太多幻想成分，以至于其可能性为零。

所以，尽管它有诸多优点，对于哪怕是完全的（rounded）一致性是否足够这一问题，仍然存在着挥之不去的疑问。我们依然被这样的可能性困扰：一个庞大的、完全融贯的信念系统不过是一部鸿篇巨制的小说、一个精心制作的童话故事。抵御这种威胁的一种方法是，引入以上讨论所缺失的关于真理的另一个方面：它与成功行动的关联。

## 3. 实用主义

当我们与事物的运作方式脱节时，我们就注定会行动失败，但是，如果我们了解事物运作的方式，我们便会成功。成功是我们正确行事的标志，而失败则表明我们没有正确行事。这种关联并不完美：我们可以理解一种机制，但是（例如，由于粗心大意）没有恰当地使用它；相反，一个错误的信念也有可能（例如，凭借运气）带来成功的行动。但是，总的来说，由于熟悉事物所是的方式，我们可以在无数方面、日复一日地做我们想做的事情。如果我弄错了剑桥大学的布局，那么我就不能像现在这样成功地到达我的办公室；如果我弄错了我的裤子有两条裤管这件事，那么我就不能成功地穿上它。

融贯论者无需将行动成功这一标准看成是他自己观点的竞争者。实际上，他可以否认它真的带来了任何新的元素。一个完全融贯的信念系统将包含很多关于我们自己成功的信念——例如，我这样的信念：很多年来我都成功地到达了我的办公室。但是，正是这一成功本身导致了"我是成功的"这一信念，而且抵制了任何引致怀疑主义的诱惑。20世纪末期，被称为后现代主义的智识潮流（intellectual fashion）对科学采取了嘲讽立场。这种潮流，以一种人类学精神，将科学视为仅仅是那些自我选择的人们（他们称自己为物理学家、化学家、工程师或生物学家）所构成的特定部落的意识形态。在很多人看来，这种观点是对科学所宣称的自己拥有权威的精致回应。此主张狡黠而顽固，其支持者可以自我陶醉，就好像——如相对主义者和怀疑论者所做的那样——他们已经看穿并戳破了科学关于自己拥有权威的虚假声称。这一切都非常令人兴奋，直到人们在使用 iPhone 和 GPS 设备，依赖洗涤剂、油漆和飞机，给他们的孩子接种疫苗，以及做科学进步使我们能做的所有其他事情时，看到了同样的精致。然后，此主张的魅力消失了，取而代之的是它看起来相当疯狂。如果你希望颠覆"科学提出了真的或大体为真的理论"这一说法，同时又乐于依赖那些基于这些理论而设计的东西，那么你很可能会显得很荒谬。知道了事物是如何运转的，就已经接近于知道如何使用它们以实现我们的目的，并且，如果科学告诉了我们后者，那么否认科学能告诉我们前者就显得非常无礼。至少，大量的成功一定表明了它们走对了路：对布丁的证明就在吃里。完全的融贯要求"我们相信什么"与"我们如何行动"两者保持一致。这就是极端分子在他的位于沙漠中的藏身之所，用手机接入银行账户密谋推翻整个西方文明及其成果时所明显缺乏的。

如果我们沉浸于一点点进化思维，那么真信念和成功之间的联系会进一步巩固。众所周知,我们大脑的运行成本非常高,那么,为什么进化让我们背负这么高的运行成本?自然的答案是,它们使我们能够应对生活。通过思考,我们学会了如何克服障碍、发明新战略、利用新技术。

这也不仅限于人类。在整个自然界中,认知都是为行动服务的。因此,在卡尔·冯·弗里希(Karl von Frisch)对蜜蜂的观察中,通过将蜜蜂的行为与蜜蜂在引导蜂巢中其他成员朝正确方向飞行方面的成功联系起来,他能够将各种形式的蜜蜂舞蹈解释为告知食物存在、距离和方向的信号。如果没有作为结果的行为,那么就不能对它们的活动做出解释。我们推测蜜蜂的目的是采集花蜜,因为这就是它们的生活方式,而弗里希则通过引导它们食物之旅的信号发现了使它们能够这样做的通信过程。认知(作为对真理的认识)与它在促成满足我们欲望或需要的行动中的角色的关联,已经被诸多哲学家以各种方式所表达的格言所总结:理性是激情的奴隶(大卫·休谟),或者信念是行动的准备(亚历山大·贝恩)。我们想要真的信念,主要是因为我们想要成功的行动。

真理和成功行动的这种关联是"美国实用主义者"的口号。这是19世纪最后20年出现的一群哲学家,他们的主要成员包括C.S.皮尔斯、威廉·詹姆斯和约翰·杜威(John Dewey)。尽管他们并不构成一个不可分割的整体，但这种进路的主旨是清楚明白的。

> 真理是下述东西的对立面：任何不稳定的东西、任何实践上令人失望的东西、任何没有用的东西、任何虚假的或不可靠的东西、任何无法确证或未被证实的东西、任何不一致或矛盾的东西、任何人为的或古怪的东西、任何不真实的（在缺乏实践解释的意义上）东西……无怪乎它的名字令人真诚向往！[12]

詹姆斯的作家气质使他经常有一些混乱的表述，就像这里一样。我们将遇到一些由此造成的麻烦。皮尔斯在一篇著名的文章中提出了一个更为谨慎的表述。[13]皮尔斯对科学家们尽管可能从不同的理论开始，或者想以不同的方式处理面对的现象，但最终殊途同归的方式感兴趣："研究的过程，通过外在于他们的力量，将他们带到了同一个结论。"他把这种力量比作为命运的运作：

> 没有任何对所接受观点的修改，没有任何为了研究而对其他事实的选择，甚至没有任何心灵的自然倾向，可以使一个人摆脱宿命论。这一伟大的定律内含于真理和实在概念中。我们所说的真理，是所有探究过的人命中注定会同意的观点，

并且，在此观点中所表征的对象是真实的。（pp. 56 - 57）

把这看作对真理的定义受到了严厉的批评：显然，有一些真理我们可能永远不会发现。如果灾难压倒了整个科学共同体，那么探究的"长跑"可能不会有那么长，因此，可能没什么东西是命中注定会达成一致的。为了解决这个问题，可以稍微弱化一下这一描述，把它替换为：真理是所有进行探究的人，如果他们探究的时间足够长，**将会**（would）同意的某种东西，但我们不断言任何人实际上能做到这一点。尽管如此，即使在漫长的探究中我们确实抵达了终点，我们也不知道自己抵达了终点。我们完成了探究，这一假定自身是无法证实的。但是，学者们同意，皮尔斯并没有将上述引文的最后一句作为定义。他对终点的现实性（reality）不感兴趣。他所感兴趣的是科学探究的实际过程，以及达成一致（因此共识出现、异议逐渐消失）的实际方式。简言之，他对过程而非结果感兴趣：实际的程序能够扬弃我们的思考所面临的限制，并且，正是这时候，也只有这时候，那些探究的人们才开始在如下意义上趋于一致：他们可以说自己走对了路，即接近真理。皮尔斯对上帝的真理，即处在想象的探究终点的真理，不感兴趣，他感兴趣的是使我们能接近真理的实际的艰难过程。

当然，它不像听起来那么简单。皮尔斯本人是一名科学家，主要从事测量与计算的科学研究，在这一领域中，人们很容易相信"所有探究过的人"会收敛于相同的结果。但是，即使在科学语境中，这一情况在一些情形中也不太可能发生。例如，关于人们是否可以通过超感官（extra-sensory）知觉相互交流，或者是否可以仅仅凭借纯粹的思想干预事物的物理属性或预测未来，这是一个科学问题。我自己认为，所有这些情况（即人们无法做这些事情）都是真的，但是，"所有探究过的人"根本不太可能在这一点上达成一致。部分原因是，某些进行探究的人最初是由于喜欢美妙和异常而这样做的，他们可能非常不愿意，通过不得不承认贫乏乏味的现实，让这种迷恋消失。在谈论历史和政治时，经验的压力往往必须与先入为主的观念、预先存在的需求和欲望做斗争。我认为，英国于2003年参与伊拉克战争是由于政府的谎言，这是真的且几乎无可否认。但是我也认为，有些探究人员永远不会接受这一点。现实强迫我们相信真的东西，但令人遗憾的是，当我们想要相信实际上是假的东西的时候，我们就抵制这种压力。人们不喜欢承认自己被骗了。

物理学家马克斯·普朗克（Max Planck）曾说过："真理并没有胜利，只是它的对手死光了。"作为一个关于实际历史过程的评论，这可能是正确的，并且普朗克本人——他后来卷入了量子理论这一有争议的主题——毫无疑问有充足的理由说这一番话。但是，皮尔斯也许笑到了最后，因为"所有探究过的人"或有理智能力的人现在几乎都接受了量子理论。毕竟，它是迄今为止最成功的物理理论。所以，也许真理确实胜利了。即使在历史和政治中，阻碍人们接受真理的激情也可能最终会消退。我们可以希望，那些在战争中死去的人，一定意义上的真理，最终会获得胜利。但是，关于这个过程，假定有些东西是不可避免的，这是不明智的。

威廉·詹姆斯用另一种方式把水搅混了，这让皮尔斯很厌恶。实用主义旨在将真理的价值与它在导向成功行动中的角色关联起来。詹姆斯把这一点等同于给予信徒"充分的满足感"。但是，当他考虑宗教信仰时，这一等同又使他陷入困境。对某些人而言，相信存在一个拥有特殊权力的神或上帝来悲悯地审判他们，这给了他们充分的满足感。显然，无论是否有这样一个存在，该信念都会做到这一点。我们可以将这一情况与那些处于情绪困境中的孩子（他们从想象的朋友处获得安慰）进行类比。但是，詹姆斯并不把这一情况看作一种反驳，甚至一个困难。通过坚持他的等式，他争论道，在这种情况下，信念毕竟是真的。他辩护这一观点的一段话值得全文引用。在这段话中，詹姆斯否定了一个他早先拥有的想法，即只要从"上帝"

和"物质"这两个概念中推不出任何不同的结果,这两个概念就可以被看作同义的。他写道:

> 这个缺陷会显而易见,当我考虑(作为一种类似于没有上帝的宇宙的情形)我所说的"自动情人"(意思是一个没有灵魂的身体,但绝对无法与一个活生生的少女区别开来,它能笑、能说、会脸红、会看护我们,并且能得体又甜美地表现出所有女性的特质,就好像它有灵魂一样)时,会有人把它等同于真的少女吗?肯定不会。为什么?因为我们的自我主义(egoism)渴求内心深处的同情与认可、爱与赞美……因此,从实用主义的角度来看,自动情人的想法行不通。事实上,没有人把它当成严肃的假设。没有上帝的宇宙与此完全类似。即使物质可以做出上帝所做的每一件外在的事情,关于物质的观念也不会令人满意地起作用,因为现代人吁求上帝是因为需要一个从内心深处了解我们,并同情地审判我们的存在。物质不能满足我们自我的这个渴望,所以上帝对大多数人来说依然是更真的假设,并且,因为实用主义的理由,确实依然是更真的假设。[14]

即使在1909年,詹姆斯对年轻女性的看法也可能使人嗤之以鼻,而且他似乎没有想过是否需要担心,他自己的想法不过是类似于贫穷女性对同情和爱的渴望的结果。他也没有反思一个像他这样的男人通过思考下述情况而可能获得的安慰：就追求年轻女性而言，他的情敌们是没有心灵的机器人，因此无法享受他们所策划的任何胜利。另一方面，对相信他人心灵存在与相信超自然物存在这二者进行比较会很有趣（intriguing），尽管（所幸的是）在某种意义上前者是我们固有的而后者不是。除了严重的自闭症患者，我们所有人都在某种意义上认为别人与我们一样是有心灵的，但我们并不在此意义上认为自然环境与我们一样是有心灵的。把自然拟人化［"盖亚（Gaia）"］是一种非主流活动，相信其他人有心灵则不是。

但是，正是这一整个观点——真理可能来自于我们需要（或者希望）相信（某物）——在理论上非常令人震惊。通过将信徒的主观个人满足感纳入标记某个信念为真的那类成功，詹姆斯摧毁了愉快的、一厢情愿的想法与真理之间的区别。这正是皮尔斯所正确地反对的。实际上，有迹象表明詹姆斯自己也不完全满意。他为什么谈论"更真的（truer）"假设，而不是说，对"大多数人"而言，信仰上帝是完全真的？并且，即使他的统计数据是正确的，他将如何理解"对大多数人而言"这一量化式？难道是说，对某些人而言，信仰上帝是真的，对另一些人则不是？或者他关于上帝的看法是这样的：上帝是其存在根据人类问卷中的大部分答案而变化的事物？这些居于主观主义和相对主义的荒地上，它们不是真理、事实和实在。

詹姆斯的错误步骤表明，要描述真理与成功之间的如下关联是非常困难的：这一关联使得后者能够为我们提供一幅关于前者的好画像。为了预见（foresee）问题，我们不必进入抽象的宗教信仰领域，或者哪怕仅仅是其他人的信念。一旦我们进入足够久远的（remote）日常世俗问题（worldly issues）领域，我们就会发现，在这里，一厢情愿的想法、神话与真理一样好，甚至更好。很多苏格兰人迷恋他们古代狂野、自由、迷人和华丽的高地过去，而乐于忽视这种迷人是由沃尔特·斯科特（Walter Scott）爵士在19世纪所润饰的，其华丽的服饰是同一时期几位冒充老苏格兰皇室的波兰裁缝发明的。作为一个野蛮的和使人贫穷的奴役时代，真实的过去远非那么美好[15]。弗里德里希·尼采（Friedrich Nietzsche）实际上认为如下情况令人费解：我们无视形形色色的诱惑，关心的依然是久远的、历史的真理。它是一种自我强加的禁欲主义，很难为其提供一种达尔文主义的解释。

实用主义者知道他们必须回应这个问题，并且他们已经给出了诸多辩护。其中之一是坚持真信念的效用和成功不在于私人的、主观的满足，而在于真理赋予我们的一系列能力。在其他段落中，詹姆斯自己似乎认识到了这一点，他以极大的热情来捍卫实用主义的真理概念的客观性：

> 实用主义者比其他任何人更认为自己是被包围在从过去累积起来的全部真理与他周围的感觉世界的制约之间，谁还像实用主义者那样清楚地感受到客观限制（objective control）——我们的心灵活动受其限制——的巨大压力呢？[16]

假的信念随时可以破坏任意数量的项目。假的信念循环往复地在我们整体的信念系统中，以无限的方式使我们与世界发生尖锐碰撞。我是班上最受欢迎的男孩，这一信念可能会给我愉悦，但如果我不是，就会有很多方式让真理出现，破坏我的幻想。我是一名优秀的攀岩者，这一信念可能会让我的虚荣心得到满足，但如果我不是，它就会置我于搞砸探险之地，危及我的朋友或弄断我的脖子。甚至苏格兰人对其辉煌历史的自豪感也会遇到"感觉世界的限制"为背景，当他发现自己无法如他自认为与生俱来那样地享受霜冻和雨水，在石南丛中嬉戏，或者不能忍受持续不断的蚊子时。

第二个辩护是坚持信念的公共和社会维度。我不是**唯一**依据某个信念行事的人，**我们**都这样做。信念是被公共共享和评估的，一旦人们意识到他们的自我评价远未被大家认可，那么等待他们自负和自夸的便是痛苦和失望。如果我对自己的歌唱感到自负，那我可能会很愉快，但是，如果我发现其他人都无法忍受它，那么我会感到难堪。所以，我们共享证据，提出意见，并且尝试协调我们对于事物的看法。我们"分工"探究，相信那些向我们提供他们调查和实验的真实结果的人。在对事物的看法上，我们试图达成一致，并且因此，詹姆斯对于信仰上帝的喜爱不起作用。对我来说，信仰上帝并不能作为一个理由：如果说它有什么用的话，那就是它使我保持警惕，因为当人们想要相信它们或发现这样做很愉快时，最糟糕的谎言也会开始流行。

美国实用主义不是融贯论的竞争对手，而是（通过增加行动与探究中的成功这样一个维度）对它的精致阐述。它们一起留下了许多珍贵的遗产。它们强调了信念系统的一个本质，即系统内的信念是相互关联的。对于"基础主义"，或者我们的知识体系建立在自明的、不可否认的原则和信念之上这一想法，人们有一种不信任。即使是我们最神圣的推理原则——以前的哲学家们所称之为"先天的"或者任何经验都不能修正它们或证伪它们的（推理原则）——都开始被归为仅仅是我们"信念之网"的核心部分，如果事情变得非常艰难，它们也不是神圣不可侵犯的。（当然，非欧几何的发现以及两种相对论给当时所珍视的关于时空结构的观点所带来的剧变，也为这样的态度提供了养料。）正如我们所看到的，即使是我们最直接、最确定的知觉判断，也不会"给予"一个没有准备的头脑。它们是对世界的诠释，而不是对后者的直接投递。因此，实用主义者和融贯论者给出了一幅可错的和整体论的图景，有时是通过使用信念之网这一通常的隐喻：它是一个松散的结构，它的各个部分相互勾连在一起，但是每一部分都是可检测的，并且（根据整个系统的演变）潜在地易于被修改或拒斥。他们强调，信念之网中的每一个元素都可以根据其他元素而被重新讨论、审视（tried）和测试。他们也强调"纸面"怀疑的虚假，以及如下做法的愚蠢：试图清空我们的心灵，或试图从任何不是"开门见山"的其他地方开始，或（换句话说）试图基于目前稳固的情况开始。正如皮尔斯所指出的："探究不是站在事实的基石上，它走在沼泽地上，并且只能说，这片土地目前似乎还算坚实。我将待在这里，直到它开始给出道路。"[17]

是时候盘点了。警觉的读者可能已经注意到，在上两节中，真理本身并未非常突出。虽然我们据说是在谈论"真理融贯论"和"实用主义真理论"，但讨论很快就转向了探究的本质、经验对信念的限制，以及信念体系的建构等内容。我们在其中被引导的两个方向拥有令人愉悦的对称性。谈论融贯，我们专注于**输入**端：判断的证据基础以及它与经验和确证的联系。谈论成功，我们关注于**输出**端：持有一个信念并将其作为"行动的准备"来使用的后果。如果当我们遇到的摩擦和阻力使我们改变想法时,基于我们的欲望和目标而正在进行的事情进展更顺利,那么我们可以对我们的认知能力感到足够高兴。但是,所有这一切都没有对真理是什么给出一个严格的定义。难道我们真的不应该去寻找这样的东西?

沿着这个思路,一种激进的建议可能就是劝告人们放弃这一概念。人们可能认为,"真理"与融贯论和实用主义试图推翻的那种哲学私通太多。它被认为是某种神圣的、权威的,并且只有在探究的终点才可以获得的东西。它与绝对和确定性为伍,而不是与我们已经介绍过的礼貌而谦虚的可错主义为伍。它与虚幻的(illusory)符合概念,以及不恰当的、过分简单的事实概念也许是密不可分的。如果没有任何"所予"独立于我们的解释习惯,如果没有任何先天(a priori)能以绝对的权威告诉我们如何进行推理或如何制定我们的理论,那么,正如詹姆斯所说的,在"月光和梦想造访的地球上",哪里可以发现真理和真理的权威?所以,最好整个将它忘掉,并且将我们限制在提炼和改进信念的程序和过程上,尽管这些过程可能是暂时的和可修正的。这就是哲学家理查德·罗蒂的建议。理查德·罗蒂本人是一位实用主义者,他写作的时间是在我们提到的三人组之后大约一个世纪。这一信息(message)在尼采的一些文风更加华丽的段落中可以找到它的先驱，并且在后现代怀疑主义（我们已经接触过它）的大环境中找到了现成的观众。

罗蒂的做法是一条路。在这本书的第二部分，我们会描述一些领域，在这些领域中，某种类似于他的怀疑主义的东西似乎很有吸引力。但是，他对真理的攻击并不令人信服，并且在他出场之前，人们已经为真理提供了挫败这一攻击的辩护策略。这把我们引到了我们将予以考察的第四种真理观：**紧缩主义或极小主义**。该真理观认为，真理概念太小（small）了，不值得如此怀疑。它有一个适当的幕后角色，但并不指称一个值得战斗的敌人。它也不指称任何有必要定义的东西。毋宁说，我们可以指出它在我们的活动和思考中所扮演的有趣的角色。

# 4. 紧缩主义

紧缩主义始于一个发现,这一发现再次归功于弗雷格。这一发现是,无论我们是简单地断定某物,还是在该断定前添加"这是真的",都没有什么差别。依照通常的逻辑实践,假定字母"p"表示任意一个断定(或命题、陈述、信念)。然后,如果"T"表示"这是真的",那么有"p 和 Tp 没有差别"。稍微谨慎一些,我们应该说,如果有差别,它将是强调意义上的,就像是大喊与正常说话的差别。要点在于,不存在纯粹认知的或理性的差别。如果你相信 p,那么你就相信 Tp,如果你证明了 p,那么你就证明了 Tp,如此等等。我们可以将这一点命名为真理的透明性。透明性重复它自己:TTp(这是真的:这是真的:p)没有给 Tp 添加任何东西,就如后者没有给 p 添加任何东西。

这一透明性应该使我们感到奇怪。如果引入真理是引入了一个真实的、新的性质,如"这是有趣的"和"政府说",那么你就会期待差异产生。断定草是绿的是一回事,但是,断定草是绿的是有趣的或政府说草是绿的则是另一回事。如果我们将其作为一个规则,即任何关于真理本质的方案都必须尊重该透明性,那么理论将很难应对这一挑战。例如,如果皮尔斯不够小心谨慎,把"在探究的终点命中注定会同意"说成是真理的意义，那么，它就会与该透明性相抵触。因为"亨利八世是扁平足"与"在探究的终点命中注定会同意亨利八世是扁平足"根本不等价。情况可能是，亨利八世确实是扁平足，但是关于这一事实，没有任何蛛丝马迹留下来，所以，对于他是否是扁平足，探究将永远保持沉默。他是扁平足，这一断言可能是真的，即使它永远不能被证实，同时，由于缺乏证据，它不属于任何完全融贯的、极大完整的历史叙述。

"与事实相符"是一个有用的、有丰富理论内涵的关于真理的方案，还是仅仅是一个冗长的同义词，对于这一问题，我们也有了新的处理方法。如果"符合"引入了一个关系，"事实"指称在这个世界上发现的实体性事物、结构或元素，那么，"草是绿的"和"草是绿的这一思想符合事实"就有差别。后者对于草是绿的这一断言或思想说了些东西，而前者没有。这就好像后者会使人侧目看一眼该断言自身，而前者只是把你的注意力引向草和它的颜色。并且，如果我们重复它，说草是绿的这一思想符合事实这一思想自身符合事实，我们将再一次侧目，与草和它的颜色离得更远。看起来，只有把"与事实相符"收缩到仅仅与"这是真的"同义，我们才能避免这些令人不舒服的结果。然后，我们可以重建透明性，其代价仅仅是失去任何实质性真理理论。

哲学家皮特·斯特劳森很好地总结了这一点。假设我说了某些东西,例如,鲸鱼是奶牛的后裔,然后,你狡黠地点点头,说:"那是真的。"斯特劳森指出,这就像说"同上"。你因此在如下意义上与我结盟了:如果我错了,那么你也错了。你没有通过评论我的断言而采取不同的、侧目式的立场;你可以采取不同的立场,如果你说它令人惊讶或不确定。即使我说的是正确的,那种类型的评论也可能是错的(它可能并不令人惊讶,或并非不确定)。但是,如果仅仅说它是真的,那么这种说法的成功或失败就完全等同于原初说法(的成功或失败)。它更像是说"我愿意签字同意"。或者你可以咕哝式同意,就像我们经常做的那样。

紧缩主义是一种颂扬了真理透明性的真理观。它的核心理念是,一旦你理解了透明性,那么,关于真理是什么这一问题,你就理解了你所需要的全部。真理是咕哝式同意的一种正式版本。然而,还有一些花里胡哨的东西需要添加到这一核心中。如果真理概念从来没有添加任何东西到断言上,那么,它看起来就完全是冗余的。如果不需这些额外的语词你就可以说出你想说的东西,那么为什么还要它们?实际上,在紧缩主义思想的早期,大约在1930年左右,紧缩主义以真理冗余论的名字为人所熟知。但是,这被证明是用词不当,因为摆脱真理概念并不总是那么容易。

困难的情形是,我们对于要谈论的东西没有明确的(identified)断言或命题。我们可能只是间接地指称某物:"约翰的猜测总是真的","山姆所说的是真的,尽管人们充满怀疑"。我们可能是在概括:"每一个命题要么是真的,要么不是真的","真理是探究的目标","信念被假定为真","玛丽对人的看法总是正确的"。如何理解这些评论呢?它们描述了一类话语(宽泛的或狭窄的)以及真理在这一类话语中的分配。但是,它们并不是通过给出实际的断言(例如约翰所猜测的内容或山姆所说的话)来起作用的。因此,对于约翰的猜测或山姆的话语,你不能咕哝式同意,因为你并没有被告知它们是什么。

首先,如果我们知道约翰的猜测所涉及的思想或命题,我们就能更进一步。假设约翰的猜测是玛丽比简大三岁,然后我们就可以说,"约翰的猜测是玛丽比简大三岁,并且这是真的:玛丽比简大三岁"。然后,利用透明性,我们就可以得到:"约翰的猜测是玛丽比简大三岁,并且玛丽比简大三岁。"我们亲自说出这个命题,无须提及真理。但是,这一做法依赖于我们能确定所涉及的命题,而我们可能无法做到这一点。尽管如此,我们还是可以做一些事情。我们可以提供一个模式或模板,并知道有一些断言可以填充其中:"约翰的猜测是 p,并且 p 是真的。"如果我们能列举约翰可能做过的所有猜测(比方说 $g_1$,……$g_n$),那么我们可以更进一步:约翰的猜测是 $g_1$ 且 $g_1$ 是真的;并且……并且约翰的猜测是 $g_n$ 且 $g_n$ 是真的。但是,通常我们无法这样做，因为我们不知道约翰的猜测可能是什么。这就是像"是真的"这样的词起作用的地方。通过简单地说出"约翰的猜测总是真的"，我们就可以汇总我们已经着手的这一不确定的、无穷的清单："约翰说'$g_1$ 且 $g_1$'，并且约翰说'$g_2$ 且 $g_2$，……'如此等等。"我们用一个简单的概括总结了我们可能挖掘到的（如果我们有这个能力）无穷的实例。

类似的策略还可以帮助紧缩主义者处理其他例子。用记号"非 p（not-p）"作为 p 的否定的缩写，就如"情况并非如此：狗嘎嘎叫"中那样。然后，我们可以给出：

> 每一个命题或者是真的或者不是真的＝不存在既不是 p 也不是非 p 这样的情况。

这一等式的右边没有使用真理概念，但它说的是，认为一边是真的等同于认为另一边是真的。当然，如果我们平等地怀疑两边，尝试找到一个你不想断言任何一边的合理情形，那么情况可能依然如此。模糊概念的边界情况就是潜在的例子："他既不是富有的，也不是不富有的——只是生活得很舒服。"提出一个应对模糊性的最佳逻辑是一个有争议的议题。

> 真理是探究的目标＝在所有情形中，探究的

目标是，仅当 p 时确证 p。

注意，这不是说，探究的目标是，只要是 p 就确证 p。那将意味着，探究的目标是发现所有的真理，这大概不是它的意思。它的意思是，当你探究时，你的目标不是获得错的（假的）结果。例如，（为了清晰起见，把它放在括号里）你调查吃芹菜是否会导致体重下降是带着目的的（仅当吃芹菜会导致体重下降，你才确证吃芹菜会导致体重下降）。否则，你就错了。

> 信念被认为是真的＝在所有情形中，仅当 p 时相信 p 才是正确的。
> 玛丽对人的看法总是正确的＝在所有情形中，如果关于某人，玛丽相信 p，那么 p。

我们不得不说"在所有情形中"，因为我们无法枚举玛丽关于某人所相信的全部东西。如果我们能够枚举，那么就可以简单地写下玛丽所相信的东西的清单，并且加上这样一句，这些是所论的全部情形，这样我们也可以获得相同的效果。

现在，这个故事有了一个有趣的转折。一开始，这些概括和语境（在其中，我们间接地指称某些命题或断言，但无法将其确定为具体的某个命题或断言）被认为是紧缩主义方案的障碍。如果我们有简单的透明性，并且在断言 p 和断言 p 是真的之间找不到任何差别，那么人们可能认为确实如此。但是现在，我们可以提出这样一种观点，即正是这些语境阻止了真理概念变成冗余的。在某种意义上，正是由于存在这些语境，我们的咕哝式同意才需要它的完整装扮。正是因为我们有可能在没有确定爱因斯坦所说的内容时就相信他所说的是真的，因此我们离不开真理这一词项。或者更确切地说，如果我们试图摆脱这一词项，那么我们得到的会是冗长的转述（cumbersome paraphrases）。在文献中，这被总结成这样的说法：真理是"间接指称的装置"或"概括装置"。尽管我支持"爱因斯坦所说的一切都是真的"，但我可能仍然不知道如何看待时空。然而，如果得知爱因斯坦所说的是时空曲率是引力的原因，那么我必须要么支持时空曲率是引力的原因，要么背弃我与爱因斯坦的同盟。真理可能也是做其他事情的装置，但这或许是它的核心功能。

我们用一首真理的赞美诗开始了本书的这一部分。真理通常被说成是一个"规范性"概念，意思是它是一个与规范或规则，正确性和不正确性相关的概念。这使它具有了神性。令人惊讶的是，现在看来，或许紧缩主义可以为这一点伸张正义。我们以最严肃的面孔，缓慢而庄重地说："你应该相信真的东西。"我们的意思是，在所有情形下，情况都应该是这样的：如果你相信 p，那么 p。只有这样，你才是一个值得信赖和可靠的报告人（informant），这是人们应该成为的样子。"真理是神圣的"意味着，一般来说，如果你没有充分的理由去相信p，那么你就不应该按照p为真时那样行动，例如断定p或者以极端的自信承诺p。特别是，或许你既不应该撒谎，也不应该（更严格地）胡说八道。撒谎就是以这种方式做出断言："尽管是非p，但他断定p，并且对于这一点，他打算欺骗你。"根据哈里·法兰克福（Harry Frankfurt）广受好评的说法，胡说八道是以这种方式做出断言："尽管他没有考虑是否是p，或者是否是非p，但他说p。"[18] 善意的谎言——例如在适当的社会环境中所给出的大量恭维（"看到你太好了！""亲爱的，你每天看起来都更年轻些！"）——相比于彻头彻尾的谎言要更接近于胡说八道，因为它没有现实的欺骗意图。它们可能更接近于笑话、讽刺话语或表演行为，这里没有做出任何断言，有的只是断言的表象。

在本书的下一节，我们将探讨一些案例，在这些案例中，紧缩主义有能力改变或颠覆哲学的争论。但是，这些案例的其中一个很适合这里，因为它突出了人们可能提出的一个重要且自然的反驳。在讨论实用主义时，我们谈道，行动的成功是表明我们走对了路的良好指标。如果我们根据最佳科学理论所设计的东西起作用，那么这表明最佳科学理论是真的，或者近似真的（approximately true）。许多科学哲学家都抓住了这一点，并将其作为"科学实在论"至关重要的论据。其想法是，如果我们搞错了电磁的性质，那么，举例来说，在利用电磁学去设计现代世界所依赖的电机、无线电、通信卫星以及所有其他东西时，我们不可能如此成功。如果我们搞错了它们，或者如果我们错误地假定了存在电磁这种现象，或者如果整个故事是虚构的或仅仅是一个隐喻或图画，那么它能像它现在这样起作用，就将是一个奇迹。但是，我们不应满足于把它看作一个奇迹。因此，我们应该是科学实在论者。这就是关于科学实在论的"无奇迹"论证。

问题在于，这是否会导致对真理紧缩论的怀疑。一种想法是，确实会，因为在这个论证中，科学理论的真理或近似真理（near-truth）是作为对其成功的解释而被提出的。简言之，它的真理解释了它的成功。如果是这样的话，那么真理不就必须是真实的、强健的（robust）和解释性的？你不能说老鼠解释了奶酪中的洞，除非你相信能够在奶酪中打洞的活的、会产生因果影响的老鼠。你不能通过诉诸电磁场的排斥力来解释一块磁铁的行为，除非你相信电磁场和它们的排斥力。换句话说，如果一种性质或关系参与了解释，那么在提出这一解释的那些人看来，这是这一性质或关系之实在性的黄金标准。但是，论证还在继续，无奇迹论证的要求意味着我们必须通过科学理论的真理或近似真理来解释科学的成功。因此，"真理或近似真理"作为事物真实的、实质的、因果有效的性质就具有良好的信誉。这正是紧缩主义所否认的。如我们已看到的,它声称,真理只是特定类型的缩写装置,而非一个好的、强健的、解释性的概念。所以,它的立场被驳斥了。

幸运的是,事情并非如此简单。在这一论证中,被漫不经心地称为"科学的成功"的东西,显然是许多不同成功的综合体,这些不同的成功拥有不同的解释。光学理论的成功来源于这一理论关于光的主张;矿产勘探的成功来源于地质理论;电子工程的成功来源于量子理论所告诉我们的东西,如此等等。当我们对这些成功进行分解,并一个一个地考察它们时,我们发现紧缩主义不仅生存了下来,而且事实上积累了更多的声誉。

实际上,在看出为什么会如此这一方面,我们已经有经验了。我们所要做的再一次是概括,并且如果我们深入到概括的实例中,那么我们就可以不提真理。例如,考虑:

> 采矿公司发现了煤炭,因为地质学给了他们真理。

如果这是正确的,那么将会有一个如下情况的实例:地质学说了某些东西,这些东西是真的并且通过这些东西解释了为什么他们发现了煤炭。例如,像这样的东西：采矿公司发现了煤炭，因为地质学说它位于磨石粗砂岩（millstone grit）上，并且这是真的。[1] 我们已经知道如何不使用真理概念来分析它：采矿公司发现了煤炭，因为地质学说它位于磨石粗砂岩上，并且它位于磨石粗砂岩上。我们可能不知道地质学说了什么，但是全部要求不过是存在一些这样的明确陈述。

所有其他的例子情况都与此类似。火箭击中了小行星，因为科学正确理解了力。对于导致这一力之大小的东西，科学会说得很复杂，它们将还原到这样的说法：火箭击中了小行星，因为科学说 F＝xyz，并且 F＝xyz。我们可能同样不知道如何计算，但是，如果解释是正确的，那么将有沿着这一思路的明确说明，后者确定并解释了火箭击中小行星的具体原因。

所以，再一次存在一个狡猾的转折，它把反对意见转化成了支持紧缩主义的观点。就解释事物为什么会发生这一点而言，包括为什么当我们遵循科学的配方和公式时我们的实践会成功，科学有理由感到自豪。但是，科学并没有处理真理。物理学处理的是力、质量、加速度和电荷这样的东西。医学处理药物及其效果，或者外科手术干预及其效果。地质学处理岩石及其分布。简装版的（tripped-down）解释所处理的与科

---

[1] 在英国北部的煤田中，磨石粗砂岩是比含煤煤层更老的岩石层。

学所处理的是相同的事物和性质。换句话说，对于做我们想做的事情，具体配方和指南取得了成功，给出了科学自己的解释，只不过是简化的版本。在解释中查看一下真理，这很好。真理只是如紧缩主义者所说的那样存在——作为指明一般方向的装置，在该方向中，真正的解释将被发现。

这就好像听到某人提及某物，但你不知道它是什么。假设你无法观看一场网球比赛，这时你听到附近一位观众说："我喜欢看费德勒这样打球。"令人沮丧的是，你不知道这位观众所崇拜的费德勒的具体行动是什么。但是，你知道他在打球。所以，它是这样一种情况，就好像你被置于等待状态或信息不完整的状态，只有当你知道费德勒做的是什么时，它才会完整。同样的，"火箭击中了小行星是因为物理学家们正确理解了力"把你置于一种悬浮状态。你不知道物理学家们说了什么，做了什么，但你知道他们做了一些事情，而且正因如此，火箭击中了小行星。

我们曾被告知，当耶稣说他为真理作证时，本丢·彼拉多（Pontius Pilate）回应道："什么是真理？"[1] 对

---

[1] 常常被阐述为："'什么是真理？'彼拉多开玩笑地问道。他不肯留下来等待答案。"这句话显然是弗朗西斯·培根说的。然而，在《约翰福音》第18章第38节（这是最初的来源）中，没有迹象表明彼拉多在开玩笑，并且，如果他没有留下来等待答案，那只是因为他自己已经确信耶稣是清白的，于是他就出去传达这一判决。

于彼拉多的问题，紧缩主义者的回答可以相当简洁，如"你告诉我"。当然，不是你告诉我真理是什么，而是你告诉我你感兴趣的是哪个真理——哪个信念、断言或判断。然后，我们可以告诉你，要知道这一真理，你需要知道什么。例如，如果问题是，他面前的这个人是否在假装自己是国王，那么答案是，这是真的，当且仅当他面前的这个人在假装自己是国王。判断这一点，而不是在遥远的哲学灌木丛中四处游荡，这是彼拉多的工作。然而，公平地说，情况可能是这样的：耶稣提出了神学上的陈述，由于很难看出这些陈述是关于什么的，或者什么东西能证实或证否它们，因此彼拉多的问题可能显得有些恼羞成怒，类似于"有谁可能知道这个人想说什么"。如果你不知道一个人的信念或判断是什么，那么实际上，你也不知道它的真理是什么。

读者可能发现我非常同情紧缩主义。然而，许多哲学家认为紧缩主义缺乏某些必要的东西，它表达的内容太少以至于不能令人完全满足。标准的抱怨是，真理可能在弗雷格和维特根斯坦所认为的意义上是透明的，但这也许仅仅是因为，它已经被偷运进陈述、信念或断言中。因此，Tp 与 p 之间等价蕴含的不是关于真理没什么可说的，它蕴含的是，要澄清断言或信念自身的本质，还有相当多的东西要说。做出一个断言就是背负一个承诺，或许是一系列承诺。这将意味着一个脆弱性：一个人断定 p 后，如果出现了否定 p 的证据并且 p 被证否，那么他就被证明是错的，他犯了错误。一个人断定 p 后，就可以认为他接受了 p 的推论，所以，这一脆弱性不会止于 p。例如，如果我声称某人拥有一个女儿，那么，不仅仅是她没有女儿时我会陷入困境（caught out），她没有任何孩子时我也会陷入困境。断言的内容决定了一个人所背负的承诺的范围。

这些承诺对于断言的本质是必不可少的：如果没有这些承诺，它将不是一个断言，而可能是（例如）一个玩笑。从实用主义者关于真理与成功行动的关联中，我们发现自己易受批评的原因很清楚。那些向他人说谎的人，不仅损害了他们自己关于这个世界的认识（cognitive awareness），而且使自己暴露于不断增长的下述风险中：行为不当、项目失败、导致不公正或者伤害他们自己。基于假信念的行动所可能带来的灾难之大小，不存在任何限制。

还存在其他一些支配断定的规范或约定。人们可能会把实际上是猜测、预感或并未确认的东西说得就好像确定它们是真的，从而误导观众，使他们以为其在此事上有发表意见的权威。一些哲学家实际上已经建议，对于任何事物，除非你知道它是真的，否则就不要妄下断言。这可能是一种理想，并且它通常很适于表明，什么时候一个人的证据不足以确保他宣称自己知道某人说的是什么。但是，它强加了一个不合理的高标准。有时候，我们明显并不知道某些事物是真的，我们也会断定它们。在比赛开始之前，球迷断定他的球队将获胜。尽管明智的观众将持保留意见，但他们不会因为球迷这样说而批评他们。在宗教领域，将没人知道是真理的东西评价为信仰，这可能是值得赞许的。

也许不那么普遍，而且通常不那么应受谴责，某人可能只是提出一些他对此有理由的临时性想法。这可能是因为他比较谦逊。并且，在任何情况下，相比于传达无保证的确定性，传达无保证的怀疑通常要更无害些。

其他的社会批评进入我们视野，可能既不是通过所说的东西，也不是通过对所说东西的自信，而是通过其他间接的途径，例如，说了它或说了它但没有说过其他任何东西这一情况的推论（implications）。哲学家格赖斯（H. P. Grice）——他称这些间接推论为"隐含义（implicatures）"——首先对此进行了研究。例如，如果我被问及我的一位同事的优点，我回答说，他告诉我他爱自己的狗，那么，我所说的话自身并不蕴含他是否擅长于他的学术工作。但是，我这样回答，并且并不继续增加更相关的正面评价，这一事实肯定意味着，我并不认可他的学术价值。我们可以通过沉默、选择语词，以及从本来可以说但没有说的话中进行选择等方式表达态度，并因此做出承诺。也就是说，如果我的同事除了被说成喜欢自己的狗，同时又是诺贝尔奖得主，因此毫无疑问处在学术之巅，那么我将容易受到批评，因为我被认为说了一些错误的或至少不恰当的事情。

但是，隐含义可能比彻头彻尾的假（outright falsehoods）更容易被否认：通常认为，相比于彻头彻尾的谎言，通过暗示什么是假的而导致的误导应少受谴责（less reprehensible）。为什么会这样还不是很清楚，可能是它反映了这样的想法：如果一个人误导某人，那么他要负一些责任，但是，如果一个人直接撒谎，那么他就完全是责任所在。相信他的听众因此是受害者，而非他们自己受骗的责任者。

与紧缩主义有关的、断言的另一个方面是，我们如何理解人们在最初做出断言时所做的事情。制造噪音或雕刻铭文是一回事，而那些噪音或铭文能被正确地解释为思想或信念的载体是另一回事。需要有一些行动者和受众都熟知的解释实践（practices of interpretation），或者有一些他们是缔约方的约定。正如一张纸要能够成为一张钞票，就必须嵌入到既定的社会实践中，一段文字或声音也必须有类似的根基才能成为思想和信念的载体。正如一张钞票的价值可能会随着经济的变化而改变，附着于一段噪音或铭文上的意义也会随着社会实践的变化而变化。

这里并不是探讨整个语言学主题的地方,但是记住这一点很重要:语言所带来的思想和信念的惊人复杂性并非是无中生有的。对任何语言的解释都是一种需要学习的技能,如果是母语,那么小时候就开始学习,如果不是,则需要付出更多的痛苦和努力。

# 5. 塔斯基和语义性真理论

这就把我们引到了一个哲学和逻辑的课题，我们在结束这一部分之前应该谈及它。在所有研究过真理的理论家中，或许最有名的是逻辑学家阿尔弗雷德·塔斯基（Alfred Tarski），他的工作于1933年发表在被称作"语义性真理论"的东西中。塔斯基的目标是提供一个理论，该理论将为语言 L（即逻辑研究的语言，对象语言）中的真语句给出一个"形式正确的定义"。这份清单将在另一种语言（元语言）中给出，因为如果一种语言试图为自己提供定义，那么会出现问题。[1] 如果 L 是一种足够简单的语言，只能形成有限数量的语句，那么，通过对该对象语言的每个语句给出所谓的 T 语句，这一 T 语句的清单就可以提供该定义。T 语句具有这样的形式：命名或描述了 L 的一个特定语句，然后在元语言中说，在什么情况下该语句是真的。例如，如果 L 是德语，元语言是汉语，那么 T 语句的一个例子是，"'Schnee ist weiss.'在德语中是真的，当且仅当雪是白的。"如果德语足够简单，只能形成六

---

[1] 说谎者悖论说明了这种问题。在说谎者悖论中，一个语句说它自己是假的。在这种情况下，如果它是真的，那么它是假的，并且如果它是假的，那它就是真的。这一悖论有许多版本，它们抵制简单的诊断和解决方案。

个语句，那么六个这样的 T 语句（其中每一个对应于一个德语语句）将提供一个形式正确的德语中的真理定义。

当然，即使是在当时的逻辑学家们感兴趣的相当受限制的形式语言中，事情也没有这么简单。语言拥有"递归"的句法，意思是我们可以将运算应用于简单语句从而产生更复杂的语句，然后无限循环地重复该运算从而产生更复杂的语句。因此，塔斯基想要的理论无法通过一份简单的清单来给出，并且，即使是逻辑学家们喜欢的简化的语言形式，为其找到这样的理论也不是一项简单的任务（trivial task）。

这些困难，以及克服它们所必需的机制，可以在许多逻辑文献中找到。然而从我们的观点来看，问题在于，如何将塔斯基所做的事情与我们一直在描述的对真理的哲学探究关联起来。一个建议（塔斯基本人曾有过这样的想法）是，他在提供一个关于真理符合论的科学的、数学上最新的表述，但这根本不对。T 语句（在一种语言中）说的是，在什么条件下另一种语言中的一个语句是真的。但是，确定这一条件与把原初的语句和某种作为世间之物的东西——如符合论所主张的结构、事态或事实——关联起来完全不是一回事。根据我们的 T 语句样本，我们知道，要判断 "Schnee ist weiss." 在德语中是真的，我们必须判断雪是白的。但是，判断这一点意味着什么，以及它与符合论、融贯论或成功行动有什么关系，它没有告诉我们任何东西。

这根本不是在批评塔斯基的工作，他的工作已经扩展到支持和充实诸多形式研究。塔斯基在这一点上是对的：只要我们无法给对象语言的每一个语句提供一个T语句，我们就没有理解该语言，并且如果对于构造其语句的方式我们不能提供一个描述，那么我们也没有理解该语言的结构。但是，他对于经验中的，以及事物的因果关联（causal correlations）中的认知基础保持了沉默，并且他对约定、规则和复杂行为——它们最初把说一种语言的确定为一个群体——也保持了沉默。也许，最能说明问题的差别在于，关于真理的哲学观点渴望说出一些适用于任意数量的语言的东西：所有人都会做出断定、都有以经验为基础的概念、都通过知道真理而不是忽视它而做得更好，等等。然而，德语中的塔斯基式真理定义与法语中的塔斯基式真理定义有很大不同，因为语词、结构以及由此产生的语句都是不同的。

简言之，说塔斯基感兴趣的是定义一种语言而非定义真理所需要的形式说明，这一说法给人的误导要小得多。[1] 这一说明是这样一个东西，它使得解释者能够用他自己熟悉的语言（元语言）说，在什么条件

---

[1] 这实际上利用了唐纳德·戴维森对塔斯基工作的解释。

下，任何一个能在对象语言中形成的语句是真的。但是，仅此而已，它自身并不能对解释者自己必须拥有的技巧或约定、经验或认知结构给出任何深刻的见解。由于解释者必须具备这样的技巧以胜任这项任务，所以，对象语言就不能超出他自己的语言；如果它们超出了，他就无法说出它们是什么意思。

我们可以看到，对于语义学理论的前景或者语词关联世界的方式，这如何诱发了某种悲观主义。塔斯基式T语句没有向我们展示这一点，而是展示了某些语言中的语词是如何与我们（在我们自己的语言中）所谈论的事物关联起来的。"Schnee ist weiss."在德语中是真的，当且仅当雪是白的，这一T语句告诉了我们，我们必须判定什么以确定该德语语句是真的。但是，为了判定它，我们必须与世界建立什么关系，它保持沉默。这是接下来的工作。幸运的是，这是本书这一部分，在我们努力对符合论、融贯论、实用主义和紧缩主义的处理中所做的工作。现在是时候总结一下，看看我们到哪里了。

# 6. 小结

早些时候,我们看到了皮尔斯是如何对如下实际的筛选过程感兴趣的:凭借此筛选过程,探究使我们消除怀疑、确定信念。类似地,威廉·詹姆斯把他自己描述为伟大物理学家麦克斯韦(James Clerk Maxwell)的追随者:"当人们用含糊的语言说明现象时,他会不耐烦地打断他们,说:'是的,但是我想让你告诉我它的具体情况(particular go)。'"真理的"具体情况"不仅体现在人们的谈话之中,还体现在他们的好奇心、他们的探究、他们的分歧与怀疑,以及他们在出现问题时解决问题的方式之中。它是一个旨在消除怀疑、确定信念的过程问题。这些问题可能分属于诸多种类的主题——经验的、理论的、数学的、伦理的、美学的、法律的、宗教的——并且在每个领域中,都应该有修正(rectifying)怀疑或无知的程序。在追问真理的"具体情况"时,威廉·詹姆斯说:"真的观点是那些我们可以接受(assimilate)、确认(validate)、证实(corroborate)和确证(verify)的东西。"[19] 我们需要查看这些实践,以及相关的拒斥、批评和反驳实践。回到边沁的说法,抽象地对待真理可能是伸长手去摘星星,但真实的人的真实实践是我们脚下的花朵。

这引入了哲学中的一个巨大变化，或者说，由于到今天它也没有被完全接受，因此更好的说法也许是，它应该引入哲学中的一个巨大变化。我们可能认为，为了理解任何一个领域中合法的或权威的探究，我们必须首先很好地把握在该领域中什么东西算是事实。因此，合法的探究将被证明是增加其结果与事实相符之概率的任何方法。但是，如我们已经看到的，事实相当棘手。事实不是那种可以固定下来的东西，并且在很多领域，当我们试图想象它们时，我们往往会陷入困境。在美学、宗教、伦理、历史、甚至数学或科学中，什么东西可以算是事实，我们是否有一个确定的把握？因此，詹姆斯和皮尔斯颠倒了这一优先性。与事实优先，然后通过方法对事实的贡献来分析方法相反，我们首先看方法，然后通过对方法的合理运用所到达的理想终点（我们可能永远不会到达）来描述事实。摆在我们面前的问题不应该是"什么是美学的（等等）事实"，而是"什么是一个好的美学（等等）探究"。

这一颠倒与给许多伦理学家留下深刻印象的颠倒相仿。一种方法（类似于"事实优先"）是勾勒出人类善或至善（summum bonum），然后通过对这一理想目的（desirable end）的贡献来思考个人的或社会的德性（virtue）。这一方法最为人所熟知的版本是功利主义，它用人类幸福的聚集（aggregate）来衡量任何事态（state of affairs）的善。另一种方法（它由亚里士多德所提出）是"德性伦理学"。它要求我们首先考虑使人们生活得好的品质，然后通过展示这些品质的生活（lives spent）来理解人类善。公平地说，这两个优先性之间存在着相当的观点分歧，并且情况可能是，尽管每一个都有其优点，但我们不应毫无保留地追随其中任何一个。至关重要的是，我们认识并接受了皮尔斯——詹姆斯的替代方案。如果我们考虑"探究优先"（事实在谨慎地等待随后宴会的邀请），而不是"事实优先"，我们可能会做得更好。这就是指导本书第二部分的颠倒。在这一部分中，如果我们遵循詹姆斯和皮尔斯的建议，并对不同领域的追求真理（truth-seeking）活动追问其"具体情况"，那么，我们会讨论一些出现的问题，并可以取得一些成果。

# 第二部分 诸种探究

# 7. 品味的真理：艺术中的真理

从这个领域开始可能看起来有些奇怪。品味的问题通常被认为根本没有真理或谬误。人们有自己各自的观点。关于品味和品味上的偏好，一个显著的事实是，人们在品味和偏好上是不同的。在此领域以及我们将要讨论的其他领域中，人们的主观反应会发生变化，这使得辩护只有一种真品味的做法变得尴尬。实际上，如果我们能看到某些品味比其他品味更糟糕，因而重新获得了某种意义的权威与真理，那么主观品味与偏好的变化就无关紧要。但是，这一点我们可能也很难辩护。古老的格言"*de gustibus non est disputandum*"——品味无可争议——在实践上是老生常谈。当人们的偏好被简单地全盘接受时，这种想法就深深地嵌入了古典经济学。没有一种偏好是可以被低估的，因为它们都不受理性压力的影响。有些偏好可能有些怪异，但是除非它们侵犯了他人的合法空间（在此情况中，会产生道德上的顾虑），否则没有一种偏好会因为这一点而更好或更糟。但是，正是这一点使得美学成为应用我们已有讨论的合适起点。如果真理能在这种语境下昂首挺胸，那么，它肯定能在其他语境中（在这里，正确地理解事物，并且说服其他人也这样做，这更明显是重要的）也宾至如归。

如果遵循皮尔斯的格言，从人们以及人们的谈话开始，那么我们会发现，事情并不像古老的格言所暗示的那样直截了当。毕竟，评论的实践是存在的。存在专业的音乐评论家、文学评论家、戏剧评论家、葡萄酒评论家、食品评论家等等，人们倾听他们，并且通常尊重他们，即使有时候不同意他们的观点。我们可能倾向于嘲笑：也许评论家们是在随意分发时尚徽章，而他们的观众却势利地急于展示［这大概是卢梭（Jean-Jacques Rousseau）的观点］。但是，在我们嘲笑之前，再仔细看看可能会有好处。幸运的是，评论家们已经对他们自己的程序提供了大量的评论。

例如，亨利·詹姆斯（Henry James），一位多产的文学评论家，也是一位小说家，没有把自己刻画为"狭隘的立法者或严格的审查者"，而是刻画为"学生、询问者、观察者、解释者、积极且勤奋的评论员，其一贯的目标是达到人物塑造的恰当性"。先看第一个否定性说法，詹姆斯在他早期的一篇文章《意大利复兴》中对评论家们"发号施令"是合适的这一观点给出了一个华丽的反驳[20]。他买了一本《佛罗伦萨的清晨》［它是维多利亚时代严厉且教条主义的评论家约翰·罗斯金（John Ruskin）写的］，并最终感动得欣喜若狂：

> 我真的很享受佛罗伦萨这座美好的古老城市，但现在我从罗斯金先生那里了解到，这是一种对

宽容的令人愤慨的浪费。我应该嘴里骂骂咧咧地走来走去，我应该拉长着一张三码长的脸……事实上，相比于人们熟悉的作者严厉的风格以及他的教学方式——他把学生推来推去，把他们的头推向这边，因为那个敲打他们的指关节，让他们站在角落里，以及让他们抄《圣经》——没有什么更滑稽了。

詹姆斯和他的朋友最终同意，你可以阅读一百页"这类东西"，但别想罗斯金在谈论艺术：

> 在处理那些人们试图美化生活、而不是无休止地谈论其"错误"的事情时，再没有比"圆通"更为人们所需要了。和所有僵化之物休战是这个地方的法则；这里唯一绝对的东西就是明智的魅力。古老而严厉的道义裁决者为自己辩解，她觉得这不归她管。这里的差异不是不公与正义，它们只是脾气和观点的变化。我们没有处在神学的统治之下。

相比之下，詹姆斯把他为作为学生、解释者和积极且勤奋的评论员的工作表述为打开"欣赏的大门，和欣赏是享受的大门"的问题。同样地，艾略特（T. S. Eliot）这样谈论文学评论的实践：

> 人们可能认为，这里是一个安静的协同劳作的地方。如果评论家要为他的存在辩护，他就应该努力约束自己的个人偏见和怪癖——我们都受其影响——并且在对真判断的共同追求中，应尽可能多地弥合与其同伴的分歧。[21]

艾略特直言不讳地谈论真的判断，而詹姆斯关于寻找作品的恰当描述的讨论有助于我们解析这一点。詹姆斯暗示说，不公正的（unjust）、草率的或粗心的描述是需要避免的陷阱。在这一点上，他无疑是对的，训练有素的眼睛和耳朵对于新手所容易忽略的区别和细微差异很敏感。对任何一种艺术形式的日益熟悉都能使我们将它"置于"它的传统中、理解艺术家所面临的以及或许已经解决的问题、将它置于语境中并进行比较，以及（换句话说）使我们能更机智地思考和谈论我们所阅读的、看到的、听到的或者甚至品尝到的东西，而这反过来，正如詹姆斯所承诺的，又增加了我们的享受。如果一开始我们只是听到一串作为噪音的音符，那么然后我们可能会听到旋律、复调（counterpoint）、调的变化（key shifts），以及诸如哀婉、顺从、希望、兴奋或平静等难以名状的（intangible）特征。

好的评论家是那些我们在增进理解的训练中可以信任的人。要扮演这一角色，他们需要一些资质。显然，他们应该体验过这一作品，因为在这样的事情上，我们不能对一些我们根本没有体验过的作品（例如，一幅我们从未见过的画，一段我们从未听过的音乐，或一本我们从未读过的书）做出评判。评论家需要处在合适的环境中：不是炎热、嘈杂的剧院，不被其他问题分散注意力，而能够投入他们全部的注意力。他们需要在锻炼中改进的精致品味。他们需要进行对比以清楚这部作品在同一体裁的作品中的地位。他们需要摆脱偏见或者艾略特所说的有害杂草。我们通常不会相信一个人对其公开承认的敌人，或者（就这一点而言）他们的直系亲属的作品所做的评判。（如果他们的孩子在一场戏中表演，那么他们敏锐的判断就不再是以分享评判为目标。）至少我们需要得到保证，在我们让评论家握住我们的手之前，他们已经把这类事物置之脑后了。

在把这些标记为评论家的美德时，我们追随的正是休谟的步伐。在阐释了我们在欣赏艺术作品时通常会遇到的一些缺陷后，休谟描述了避免它们所需要做的事情：

> 有这样或那样的瑕疵，这是人类劳动的普遍性特征。因此，即使在最光鲜的时代，对优秀艺术的合理判断也被发现是非常稀罕的品格。强烈的感觉，与细腻的情感相结合，通过实践改进，

通过比较完善，并且排除一切偏见，只有这些才能赋予评论家这一有宝贵的品格。而对此的联合评判（joint verdict），无论它们是在哪里找到的，都是对于品味和美的真的标准。

休谟对于找到这样的评论家并没有过分乐观。他也不认为"联合评判"总是会到来。确实存在一些双方都无可指责的品味和情感的差异，它们导致了品味上的分歧。他举了一个例子：

> 激情澎湃的年轻人，相比于更年长的人（他们通过经营生活和节制激情进行理智的哲学反思从而获得乐趣），更容易被多情的、温柔的形象所触动。二十岁时，奥维德（Ovid）可能是他最喜欢的作家，四十岁时可能是贺拉斯（Horace），而五十岁时可能是塔西多（Tacitus）。在这种情况下，我们尽力进入别人的感情，摆脱那些对我们来说是自然的习性，但这些白费力气。就像选择朋友一样，我们选择自己最喜欢的作家是基于幽默和性情的一致。欢乐或激情，情感或反思，无论哪一个在我们的脾气中占主导地位，它都使我们对与我们相似的作家拥有一种特殊的同情。[22]

尽管如此，我们还是可以在一定程度上抛开个人的主观偏好，接受"共同追求"的事业。威廉·詹姆斯（我们可能还记得）曾谈论**我们**可以接受、确认、证实和确证的观点，而这使**我们**的范围可以扩展成多大成了一个有趣的开放性问题。如果我们仍是时空之内的存在，那么，对于提取艺术可能给予我们乐趣的过程而言，此问题无关紧要。"古老而严厉的道义裁决者"，正义的化身，不必介入。这实际上意味着我们不必与不属于同一社会环境中的人争论。我们可以举起帽子，礼貌地从他们身边走过。

这是否足以抵挡那些愤世嫉俗者、怀疑论者或相对主义者，他们坚持认为"*de gustibus*…"（品味无可争议），在这些领域，不存在真正对真判断的追求，也没有纯粹是欣赏的东西，有的只是自欺欺人、欺诈或虚荣心？我们知道，愤世嫉俗者可能会指出主观偏好的变化以及品味的变革，并且在某些领域（如时尚领域），变革可能是一个紧跟一个，其速度之快以至于看起来对于从一季到下一季的任何两个时尚人士，不可能存在"联合评判"［并且这一点毫无疑问存在商业的以及也许是代际的（generational）原因，如果我们考虑到年轻人想要将自己与前面的群体区分开来］。但是，他几乎无法否认，确实存在着有资质和缺乏资质（disqualifications）的区别。读过英语版的托尔斯泰后，我可以对他的作品发表评论，但我不能评论俄语原版的美，因为我对这门语言一窍不通。此外，我们知道一些相比我们拥有更精致的、训练有素的能力的人。最近，我听说斯坦威的一名首席技师去世了。这位技师从几个小节（bars）里不仅能分辨出是哪位著名钢琴家在演奏，而且能分辨出他们使用的是哪一件具体的乐器。就钢琴或表演的质量，我不会反对他的观点。对于那些我们所拥有的，但如果别人不向我们指出我们就会错过的东西，我们常常万分感激。正如亨利·詹姆斯所说的，它增加了加入到追求大家认可的判断，以及发现他人也拥有我们的好恶的乐趣。

然而，尽管这些活动可能令人愉快，愤世嫉俗的人仍然会持续存在。并且，尽管就某件作品的品质以及它的价值与他人达成一致令人开心，但是有什么理由认为你这样就越来越接近某种神秘的美学真理呢？幸运的是，目前为止的讨论为我们提供了处理这一问题的方法。首先，紧缩主义可以来拯救我们。我相信贝多芬（Ludwig van Beethoven）是比伦纳德·伯恩斯坦（Leonard Bernstein）更富有想象力和涉猎题材更广的作曲家，虽然伯恩斯坦也很好。所以，我相信这是真的：贝多芬是比伯恩斯坦更富有想象力、涉猎题材更广的作曲家。如果我说出这一观点并且你同意我的观点，那么，你可以用很多方式来表达这一点——"我同意""对我来说也是如此""那是对的""当然"——你可以咕哝式同意，或者（在没有额外的理论压力时）你可以说："那是真的。"

但是，我们也可以说得更多。我们对于公正的评论家（某个有权威的人，我们可能乐于接受的人）的描述，使我们对这些过程有一个了解。好的评论家可以引导詹姆斯的接受（assimilation）和证实过程，而这就是这一领域中的确认和确证。当我们分享一种观点时，我们已经接受了它；当我们遇到支持它的事物时，我们就证实了它；并且当我们关于某一观点发现了足够的东西，推测它足够强健以至于可以经得住任何可预想的质疑时，我们就确认和确证了这个观点。当然，经得起时间的考验是一个好征兆。如果几代人都在莎士比亚、贝多芬、提香（Titian）或荷马的作品中发现了许多令他钦佩和惊讶的东西，那么一个持异议的评论家展示的更多是关于他自身而非关于这些不朽之物的东西。用皮尔斯的话来说，它们的优点"最终会得到所有进行探究的人的同意"，其中探究包括对"强烈的感觉，与细腻的情感相结合，通过实践改进，通过比较完善，并且排除一切偏见"给予应有的关注。

对第一部分的讨论的这一运用也使我们能更好地理解皮尔斯建议的要点，即我们不是从无人有过的空想而是从人们以及人们的对话开始（同样地，我们可以把自己描述为，不是去摘星星，而是关注我们脚下的花朵）。如果我们认为"美学真理"是某种抽象的可能性，它脱离并且超越所有人的应答（responses），超越我们所有的满足与享受，是一种散布（谁也不知道是如何散布的）于我们宇宙中的事物之间的了无生机的性质，那么就很难看清区分那些拥有它的事物与那些不拥有它的事物的要点在哪，并且也不可能想出一种这样做的方法，因为我们不能从任何其他地方出发，而只能从我们自己的人类本质以及塑造了人类本质的文化和社会出发。关于这一概念的怀疑主义将是对这一"实在论的"或"理性主义的"形而上学的完全自然的回应。然而，我们是通过我们的享受和理解，特别是通过赋予人们进入探究或引导他去探究的美德来思考艺术的。在任何时候，我们都不可能穷尽这样的探究——我们有一个谦虚且高尚的感觉，即即使我们已经尽了最大努力，我们依然没有完全理解事物的各个方面。也许还有更多要说的，但是，如果我们已经足够小心翼翼、富有想象力，并且已经从拥有共同追求的其他人的最好观点中受益，那么我们就可以合理地相信，我们已经就这个话题做了公正的工作。我们可以提出我们的观点，这也意味着我们可以断定它们为真（也许是暂时的并且认识到我们可能是错的）。

必须记住，对真理的暂时性判断与对确定性的教条式断言不同。我们可以听从亨利·詹姆斯的警告，不要把古老而严厉的道义裁决者、正义的化身请到我们面前。如果我们这么做了，我们甚至可以承认下述说法有一些真理："*de gustibus*…"（品味无可争议）。

这也许是对的，在品味问题上，争论没有意义。但是，这不是因为任何观点都与其他观点一样好，而是因为合作与富有想象力的鉴赏，而非争论，赢得了胜利。与其通过与人争辩来达成一致，我们更希望用说服的方式，通过展现事物的不同方面让他们想起那些令人愉快的或激发想象力的类似事物。这不是一个逻辑问题，而是一个引导他人接受我们所认为的恰当反应的问题。这是一个依赖耐心和注意力的过程，就好像教育和学习在其中齐头并进的给予和接受过程一样。正如詹姆斯所说的，我们并不处在神学的统治之下。在美学问题上，如果我们粗心大意，或被错误地教育，或注意力不集中，或天生不敏感，那么我们就会得到报应，这正像如果我们在经验问题上有相应的盲点，那么我们会得到相应的报应一样。经验上的无知意味着做很多事情时的无能，但美学上的失明似乎不那么重要。我很谨慎地说，情况似乎是这样的：可以表明，我们对周遭环境的丑陋熟视无睹，大众娱乐肤浅与煽情，毫无品味、不体面或极端愚蠢的消遣对我们狂轰滥炸，这些构成了我们享有体面生活的巨大障碍，就如无知在其他领域所构成的障碍一样。一个人可以成为一名活动家（campaigner）。但是，美学对话相比于比其他对话往往不那么迫切，并且相比于更世俗的真理，美学真理不那么具有强制性。

这一节到目前为止，我们已经考虑了批评的实践。

那么，艺术实践自身中的真理呢？存在一种认为艺术家看事物特别真（especially truly）的传统。有了敏锐的辨别力以及感觉，他们就能察觉事物中某些别人错过的东西，并且只要该艺术是成功的，他们就会设法向别人传达他们所看到的东西。在《什么是艺术?》一书中，作为20世纪最令人印象深刻的艺术哲学家，科林伍德（R. G. Collingwood）仔细区分了旨在具体的、可预见目标的实践和艺术本身的实践。前者包括娱乐，其目的是在观众心中唤起某种特定的愉快感觉，如兴奋或欢乐，以及魔术，其目的是表达并（也许）驱除具体的感觉，例如在面对困扰人们的疾病时的恐惧或无力。这是手艺，不是艺术，其从业者都是工匠，他们确切地知道自己想要实现什么，并着手实现它。另一种错误观点认为艺术家拥有特定的情感，他寻求在其他人心中唤起这种情感。这种观点的问题是，它再一次把艺术纳入了手艺中。唤起他人的情感是一个具体的目标，而艺术是实现这一目标的手段。但是，根据科林伍德的观点，这是错的。相反，表达的重点必须是向我们自己，以及潜在的其他人，明确我们的感受。表达首要的是为了我们自己[23]。这就是为什么我们把艺术与增进理解联系在一起。只有当我能够表达这一感觉，或知道关于这一感觉的一种表达，我才能理解我的感受。如果我们听一首舒伯特的歌，那么我们不仅了解了，舒伯特想让我们感受到的失去的爱、希望或悲伤,而且了解了,关于它我们能够感受到什么,或者关于它我们将感受到什么。这一表达消除了沉重感,一种我们感受到的压抑,而我们的感受本身依然不可名状。

然而,柯林伍德并不满足于用情感表达来描述艺术。还有额外的富有想象力的活动,艺术家必须将其纳入作品中,并且观众、听众或读者可以从中学到一种"总体活动的想象体验(imagined experience of total activity)"——科林伍德费了很大力气去解释这个短语,但很难说他成功了[24]。它是这样一种意思:通过伟大的音乐、艺术或文学向我们打开或展示自己的生命感(sense of life)[1]。困难仍然是,如果我们认为某种类型的真理已经展示给我们,那么我们就面临这样的问题,即除非通过听、看或阅读作品本身,否则它无法被具体说明(specified);艺术抵制包装或解释。也许最好承认,与其说艺术作品向我们揭示了难以言喻的真理,不如说艺术作品让我们感到异常清新,就像对自然界中美或卓越的体验一样。如果我们心情好,那么在国家美术馆或音乐厅中待上一小时,或者阅读一本伟大的小说一小时,我们就会精神焕发、充满活

---

1 它还指被足够糟糕的艺术侮辱或亵渎的生命感。在他的《自传》中,科林伍德描述了,在他每天上班的途中不得不经过肯辛顿的阿尔伯特纪念馆时,折磨他的可怕的痛苦。"如跳蚤在背"和"爬行"是他提供的对它仅有的两种描述。

力，准备用一种全新的精神面貌去面对这个世俗的世界。这种在理解的基础上增加不是进一步的命题知识（即对于 p 的某个替换，知识 p），它是在 know-how 方面的增加，而知道如何面对这个世界绝非易事。

## 8. 伦理学中的真理

我们应当如何生活，我们该如何做才能对各种观念加以"接受、确认、证实和确证"？这是一个严肃的问题，因为尽管在美学中，*de gustibus non est disputandum*（品味无可争议）对我们有一些影响，在伦理学中却几乎没有。如果我打算禁止一件事，允许另一件事，并使第三件事成为强制性的，而你打算允许第一件事，禁止第二件事，并允许第三件事被遗漏，那么我们就处在争议之中。实际上，在这一争议的典型范式之中，我们会发现我们很难共同生活，或容忍彼此的做法与政策。人们常说，"新生代的相对主义者"——那些认为怎样都行（anything goes）的人，那些持下述看法的人：在此领域中全部都不过是意见，或者你有你的观点我也有我的观点，但让我们继续前进吧——当他们被欺骗，或他们认为被看低了，或他们在意的东西受到挑战时，他们会像其他任何人一样迅速变得激动、愤怒和怨恨。言论自由（或对它的压制）、动物的权利（或这些权利的缺乏），更不用提堕胎或死刑的法律地位，都会非常非常快地把人们分裂成两个阵营。这当然是在获得关于伦理真理或事实的任何看法时所遇问题的一部分，因为就像在美学和宗教中一样，我们再次有了各种各样的主观性，并且再次不确定如何判断哪一方是正确的,或哪一方比另一方更正确。

如果我们忽视皮尔斯的格言,只是抽象地思考"道德真理",那么我们很容易就开始怀疑是否存在这样的东西。20世纪初,剑桥哲学家摩尔(G. E. Moore)提出了一个著名论证,认为道德真理必须区别于"自然的(natural)"真理,如心理学的、社会学的或其他可以经验地和科学地处理的学科的真理。例如,假如有人提出了功利主义的学说,即一种情境(situation)或一个计划的结果其价值完全取决于它促进了多少一般的幸福。这可能是真的,但是就定义而言,它不可能是真的,因为怀疑它是否是真的,或想知道它是否是真的,或论证它不是真的,这些都是可理解的(intelligible)。(事实上,人们已经有力地论证过,这不是真的。他们举例说,促进一般的幸福需要牺牲某人或某一部分人,以似乎不公正的方式侵犯他们的权利。)摩尔论证道,由于这样的怀疑总是可能的,因此,"道德真理"不能简单地等同于任何自然的、经验的或科学的真理。这一"开放问题"表明,即使你确定了所有自然的事实,仍然有一些其他的东西需要确定——对它们的某个或其他分配能否被看作善的。他得出结论说,"善"是事物的一种非自然的、独特的性质。

摩尔的论证已被讨论很多,因为尽管这个论证很有力，但它的结论似乎完全不可接受。没有一个具有经验或科学倾向的人愿意接受怪异的非自然性质，这些性质盘旋在自然世界之上，以一种难以想象的方式将它们的好处从一个事物传递到另一个事物之上。我们如何可以知道它们？我们为什么想要这样做？我们的盘子里有足够多的东西来应付这个欢乐、疼痛、幸福、痛苦、绝望和快乐的世界。如果其他的道德性质，如"是善的"或"是有责任的"，不在事物的因果序列中，那么我们如何可能进化到能成功地追踪它们？进化偏爱那些成功地留下后代（这要求能处理食品供应、捕食者或潜在的配偶之踪迹等等的技艺）的动物。但是，关于摩尔的非自然性质如何能起到哪怕一点点作用，不存在任何故事。如果我们没有理由进化成为非自然性质的技术熟练的侦测者，那么就没有理由假定我们对于下述东西所形成的任何观点：什么东西持有它们，以及什么东西是不可靠的。怀疑主义似乎是唯一可能的结果。据我们所知，情况可能是，把本·尼维斯最大的三块巨石排成一条直线可能是最有价值的人类活动，你通过对别人诚实而侵犯了他们的权利，以及痛苦和绝望是能期望的最好东西。

一些作家，"错误理论家（error theorists）"，认为这表明了，道德争论都是捕风捉影的事情（will-o'-the-wisp），在此领域中没有真理。如果我们说（例如）为了寻开心而踩踏婴儿是错误的，那么假定我们说的是真理就错了。另一些人，"虚构主义者"，则认为，说这是真的，这最多是一个有用的虚构，尽管实际上它不是。无论对谁来说，"为了寻开心而踩踏婴儿是错误的"都不是真的。这是一种奇怪的否认，最好不要告诉他们的母亲。

然而，所有这些悲观主义和虚无主义都是抽象地思考道德真理（不妨把它们看作皮尔斯所说的"在无人居住的公共道路上游荡的胡思乱想"）的结果。如果反过来，"从人们以及人们的对话开始"，或者关注我们脚下的花多而不是去摘天上的星星，那么事情会更清楚。这一选项源自亚里士多德，他认为伦理学不是别的，而是使人类繁荣兴旺的事业。我们非常了解什么算繁荣，什么不算繁荣。对此，通过准确地找到对于市民活动和友谊这样的事情足够丰富的美德活动，亚里士多德说出了一些深刻的东西（然而，遗憾的是，他也有一种相当奇特的观点，认为"推理"是人类的终极善，并且最终得出结论认为，最好的生活将是纯粹沉思的生活）。其他作家对这一问题有更现实的看法。你不必非得是和尚或圣人才能繁荣兴旺。

在现代世界，18世纪的哲学家们第一次尝试在道德哲学中确立人性科学的真理。这些启蒙运动哲学家的信条是，如果我们正确地理解了我们是谁以及我们在自然秩序中的位置，那么我们就可以得到一个理论上令人满意的、起教化作用的关于道德的理解。这一事业的巨人是大卫·休谟（David Hume）、亚当·斯密（Adam Smith）和伊曼纽尔·康德（Immanuel Kant），尽管他们周围还有许多令人钦佩的人物。[1] 斯密在休谟（我将从他开始）和康德（然后也会讨论他）之间架起了一座有趣的桥梁。

在休谟的理论中，我们关于道德思想的能力有五个基础：

（1）和其他动物一样，根据事物对我们自身的幸福是有积极影响还是消极影响，我们天生对其就有欲望和厌恶。通过先见之明与审慎的态度（如果有必要的话），这些滋养了我们照顾自己需求的能力。

（2）我们对他人的同情和仁慈是有限度的或是最低限度的，相比之下我们对家人和朋友的关心则要多得多。

（3）然而，我们也有进一步接受"共同观点"的能力，因此，举例来说，我们可以从专注于某一事态，或专注于某一角色的状态中抽身出来，公正地沉思他人的行为方式。这使得我们能够对历史人物（在这里我们没有自己的利益）或者小说人物（此时人们的典型特征被给出，即使这种类型的人从未真正存在过）采取态度。当我们把美学评价看作"共同追求"，一项

---

[1] 包括托马斯·霍布斯、沙夫茨伯里（Shaftesbury）、约瑟夫·巴特勒（Joseph Butler）、弗朗西斯·哈奇森（Frances Hutcheson）和让·雅克·卢梭。

决定我们将怎样看待事物的事业时,我们就看到了类似的东西。

(4)然后,我们有一种从这样的精神品质中获取乐趣,并为它们感到高兴和赞同它们的习性:它们对于那些拥有它们的人以及这些人的亲朋好友是有用的或令人愉悦的。[1]

(5)当与他人合作对于维护我们的利益是必要的时,我们可以通过我们的缔约能力来实现合作。

第一条几乎是不言而喻的。一些经典的道德家,尤其是斯多葛主义者,有时会让人觉得拥有欲望和厌恶是人类一个令人遗憾的特征,是我们应该尽最大努力去抑制的东西。后来,康德对这种严厉的观点展现了一定程度的同情心。但是,尽管所有的道德家都认识到,也许有一些欲望我们确实最好是去抑制它们,但休谟和斯密总的来说都不怎么同情这种斯多葛式抱负。在和蔼的休谟的词典中,甚至"自我控制"这个词都没有出现,尽管他很清楚,为了某个长期或遥远的目标而推迟一下即刻的满足往往很困难。

第二个要素引入了我们作为社会性动物的本性。我们能够作为他人心灵的"镜像",或富有想象力地进入他们的情感。当我们这样做时,我们会发现,我们

---

[1] 在使用这一短语时,休谟呼应了罗马诗人贺拉斯(Horace)的观点,后者认为诗歌应该是 *dulce et utile*,即令人愉快的和有用的。

既可以在理解他们是怎样感觉的这一意义上,又可以在像他们一样感受悲伤或担心、欢笑或满足的意义上同情他们。第三个要素,即"共同观点"的达成,将简单的喜欢、不喜欢和偏好从更深思熟虑和无私的心灵状态(它是公众赞同和不赞同的基础)中分离出来:

> 如果一个人把另一个人称为他的敌人、他的竞争者、他的反对者或他的对手,那么他就被理解为在说一种自恋的语言,并且表达了他自己特有的、产生于他的特殊情况和情境的情感。但是,如果他把恶毒的或龌龊的或堕落的这些词授予任何人,那么他就是在说另一种语言,并且表达了他期望他的所有听众都会接受的情感。[25]

第四个要素既引入了休谟自己关于赞同的主要议题,也引入了他关于接受赞同的标准。休谟总结了(trawls through)他人身上我们所钦佩的动机与性格的各种品质。他相当有说服力地表明了,可以确定四种关于爱或赞扬的品质。有一些对我们自己有用的心理品质:我们钦佩一个人,因为他谨慎,或深明远虑,或聪明,或情绪温和,或他自己是一个很好的性格判断者。[1]这是一些能让他生活得很好的品质。我们也钦佩(也

---

1 简·奥斯汀的《理智与情感》中的埃莉诺(Eleanor)就是一个完美的例子。

许更为钦佩）使一个人对其他人有用的社会品质，尤其是仁慈、慷慨、服务他人的渴望。这些品质使一个人成为好的团队合作者。第三，有一些使拥有它们的人感到愉快的性格特征：性格开朗、脾气随和、有充分的平衡和坚韧以至于能够接受事物现状。最后，有一些使我们周围的人会对其感到愉快的性格特征：快活、乐于助人、机智、能够优雅而理智行动的能力。当然，这些品质在很大程度上是重叠的，但原则上它们标志着卓越的不同方面。因此，把它们放在一起，我们会发现，德性是一种"对自己或他人有用的或令人愉悦的"精神品质。

在休谟的理论中，第五个也是最后一个要素在某种意义上是最有趣的，它不仅标志着休谟相比于其前辈们的重大进步，也是他留给后继者的主要遗产之一，这一遗产不仅是哲学的，也是经济学和社会科学的。他考虑了我们每个人都想在其中做点事情，但只能一起做的常见情境。所以，我们需要合作。正如休谟之前的哲学家们所做的那样，人们可能认为所需要的是一份合同或承诺，凭此合同或承诺，每个人都发挥自己的作用。但是，休谟想挖得更深：承诺的力量是他想要解释的东西之一。它是问题的一部分，而不是问题解决的一部分。他迄今为止递给自己的要素不包括义务和权利，并且认为承诺高于引起义务和权利的所有手段。

相反，他从互惠互利的习惯（就像"如果你挠我的背，我将挠你的背"一样）开始。如果别人尊重我的财产，那么我将尊重他的财产。对那些合作的人与那些不合作的人之间差异的敏感性，已经在智人（Homo sapiens）以外的物种中找到。一头黑猩猩会挠其他黑猩猩的背，如果后者表现出互惠互利的倾向；如果没有这种倾向，则情况相反。因此，在一个对他人关注有限的世界里，我们需要考虑为他人着想的回报。期待回报提供了为他人着想的动力，但是当然，先受益的人可能会不提供回报，所以最好有一些东西能巩固互惠互利关系。如果存在某种机制，凭此机制，被信任的人如果偏离了预期的模式，他就会招致严重的惩罚，那么就能解决这个问题。许下承诺是一种公共行为，并且它产生了这样的惩罚。现在，如果被信任的人表现不佳，那么信任他的人就可以期待其他人的社会同情，而被信任的人则会遭受耻辱与惩罚。承诺并不标志一个预先存在（pre-existent）的状态，它是新状态的创造。随之而来的是投资在承诺中的权利，以及行动者所承担的义务。在我们作为儿童进入社会后，习俗就在我们心中生根发芽。仅仅是已做出承诺这一事实——它完全不同于很可能的社会惩罚，就在教养良好的人心中创造了一种对于违背承诺的厌恶。但是，不仅仅是给予和接受承诺的活动可以被理解为达成了约定：

所以，按照共同的约定，为了共同的利益，两个人在没有任何承诺或合同的情况下划起了船桨。这样，根据人类的约定和协议，金银成了交换的计量单位，言语、语词和语言确定下来。任何对两人或更多人有利的东西都以他们都履行了自己的职责为前提。如果只有一个人履行自己的职责，那么，所有损失的好处也无法从其他任何原则中产生。如果不是这样，那么他们中的任何一个都不会有参与这一行为模式的动机。[26]

休谟的策略在很大程度上是"进化心理学家"的策略。从对人性和人类环境的白描出发，他使我们了解到，在没有任何"理性"的显著飞跃或我们对其缺乏勤勉练习的情况下，我们如何进入使社会生活蓬勃兴旺的约定或习俗。这个故事的关键是，它只对关于财产、承诺、法律、政府、金钱和语言的欲望与关心做基本预算，使其扎根并成长为我们社会生活中最重要的支撑。休谟将这一整个过程比作拱门或拱顶的建造，其中，每一块石头都扮演着自己的角色。

那么，对于摩尔的"开放问题"论证，以及它引起的怀疑主义，情况怎么样？摩尔说，正确性或善是否属于任何经验地给予的性质（包括休谟自己挑出来的那些）始终是一个开放问题，这难道不是对的？好吧，摩尔从"人们以及人们的对话"中抽身出来，而休谟则从它开始。形而上学上怪异的、不可见的和无形的性质（它们对我们而言谜之重要）在休谟的观点里并不占一席之地。存在的只是事物的自然性质，如构成有用和愉快的生活的性格倾向，以及我们钦佩它们，选择它们，教育人们拥有它们，并后悔他们没有如此的习性。这就是伦理学和道德的意义所在。当然，摩尔的如下说法是对的：关于事物的价值，任何观点都可以被质疑和询问。举例来说，如果某人说军事勇气是一种美德，那么我们很可能想知道，从整个人类历史来看，它是否是一种并非惹人厌的而是给人好处的性格品质。我们还可以继续讨论，根据这一点，是否应该像通常那样赞赏它。

与美学一样，我们可以讨论，什么值得赞赏，什么惹人讨厌。道德准则是我们的生活技巧，并且像任何技巧一样，它们可以被正确或错误地实践。如果我们赞赏和讨厌错误的事情，那么我们可以预计情况会比原本可能的更糟。这就是为什么我们把伦理学同美学一样甚至更为急迫地看作好像有一个真理问题需要解决。我们不满足于说出自己的反应（"哇——军事勇气！"），而是关心，在解决如何生活得好这一问题的共同追求中，我们的反应如何得到证实、确认、同意和确证。这就是为什么我们拥有我们所拥有的道德的、伦理的和美学的语言，在这些语言中，确认可以被讨论、同意或质疑。在此方法中，不存在怀疑主义那样的问题,后者困扰着摩尔关于非自然性质的形而上学。不存在非自然的性质,只有讨论喜欢或不喜欢什么、鼓励或禁止什么、容忍或反对什么的人类事业。"怀疑论者"(他们说,就我们所知,痛苦比幸福更好)在任何明智的道德谈话中都没有发言权。除非他能成功地让痛苦显得比幸福更令人向往(这看起来完全不可能),否则他在我们的共同追求中就没有发言权,而仅仅是一个讨人厌的家伙,理应遭到他无疑应得的驳回。我们的谈话从把人类作为主题开始:正是我们渴望某些东西和抵触其他东西,正是我们必须解决如何与他人共同生活的问题。

如果我们解决方法的一部分是同意,例如,使我们有可能做出承诺的约定是一项珍贵的约定,那么我们实际上就同意,那些蓄意、没有理由就违背承诺的人应该丧失我们的好评。正如紧缩主义真理观所坚持的,同意这一点与同意如下一点是一样的:这样的人应该丧失我们的好评——或者用更日常的语言来说,他做了不该做的事情——这是真的。这种类型的真理可以很自然地从这一约定的存在中推出来。只要合作对于我们的共同生活是必要的,那么,背叛合作的人就是讨人厌的人。这样的人会受到批评,有时候还会受到惩罚。实际上,我们前面看到,在休谟看来,只有达成了约定,像正义、义务或权利这样的概念才会进入人们的视野。在达成约定之前,他们面对的是欲望和需要、快乐和痛苦这些东西之一，但其中任何一个都不会产生正义或义务问题，就像在一个没有金钱概念的，或者对于提供的或收到的货物与服务没有数目概念的社会中不会产生信贷与债务问题一样。因为只有当某人违反了协议或约定时才会产生不公正，因此休谟认为，举例来说，当一个强大的当事人（如18世纪的欧洲移民）遇到一个软弱的当事人（如土著人）时，正义并不起作用。前者可能出于仁爱和人道主义而有义务表现良好，但是没有任何约定，也没有任何发起约定的动机，因此在此情况中没有正义问题。

正是在这里，亚当·斯密同休谟分道扬镳。斯密认为，愤怒和怨恨是对被他人侵犯时的自然反应。如果一个行动者拿走了我的东西，侵犯了我的空间，忽视我的利益，或者以任何方式越过了体面行为的边界，那么怨恨就是一种自然的反应，并且是旁观者（"公正的人"）可能同情我、为我感到愤慨的反应。受害当事人的怨恨、公正的人为他感到的愤慨，这些反应很自然地是对行动者不公平或不公正的行为的表达。因此，即使没有当事双方事先同意的约定，正义问题依然会产生。斯密认为，只要我们有多达两人处在社会环境（social landscape）中，那么就会存在一些行为可以被看作侵犯了另一个人的合法边界。不仅仅是人身攻击和伤害，还有表明一个人在另一个人心中不重要的其他方式，都会引起自然的怨恨和愤怒，而且任何公正的旁观者都会同情受伤的当事人。这样做时，他们实际上认为侵犯者的行为是不公正的。我们从一开始就彼此负有责任，而不是在达成我们生活在社会中的结构以后才如此。

斯密拒斥休谟将正义与先前的约定相联姻的做法为康德所接受和扩展。康德把相互尊重看作比直截了当地追求善、避免恶，或在这种追求中所产生的满足感更为重要的道德基石。他认为，正是基本的人类理性能力赋予了我们尊严。[1] 对于康德基于这一原则是否成功地建立了一个可行的体系，以及如果是的，那么它是否是对休谟或斯密留给我们的遗产的一种进步，伦理学家们依然存在分歧。我们不必在这里对这一争论做出判决，只需注意到如下一点就够了：每一方都还有很多东西要说，并且那些已经站队的人都认为他们自己是对的，他们的反对者是错的。我们现在可以预期这一点。每一方都提出了一些东西，这些东西作为命题被接受为真的，并且，在此情况下，没有任何怪异的东西，或者应该引起惊讶或怀疑主义的东西。当然，人们可能会想知道，这一争论是否是无法解决的，并且人们可能会通过询问在这个事情上是否有任何真理来表达这种怀疑。这实际上是这样一种怀疑，

---

[1] 从而给他自己留下了关于动物福利和动物权利的问题。我们中许多人会同情边沁的话："问题不是它们能推理吗，也不是它们会说话吗，而是他们会受苦吗。"

即是否有任何观点是"注定会达成一致"的（用皮尔斯的话来说）。也许没有这样的观点，但是在一开始就宣布这一点将是轻率的。不存在上帝视角，也不存任何人可以通过它而预先知道考察或探究结果的有利位置。

# 9. 理由

我们不应该离开道德真理这一话题,除非我们注意到,已经说过的东西中很多都适用于更广的范围。我们不仅仅关注我们自己以及他人的公开行动,还关注我们心灵的活动方式。我们一旦有了对世界的知觉,就会思考它们意味着什么,以及从它们中可以推出什么——实际上,区分知觉与我们早些时候讨论过的原始(brute)感觉的一种可行方法是,知觉有其意蕴(implications),而感觉只是单纯地产生了。瞥一眼或闻一闻只是发生的事情,但是当它被解释后,就可以推出结论,产生期待,并且拥有意义。人类心灵的活动方式是我们其他实践的主题,同样也是批评和交谈的主题。

那么,如果我们说一个人 X,把某物 A,看作得出某个结论 B 的理由,那这意味着什么?一种可能是,当 X 意识到 A 时,他会趋向于拥有精神状态 B。注意,B 可能是一个信念,但也可能是其他东西:一种欲望、一个意图或计划的形成、一种情绪反应或对某人某事的一种态度。持有状态 B 的趋向可能会被 X 头脑中的其他东西(例如抵消持有 B 的理由)所抑制。但是 X 实际上已经被猛烈地推向 B。

这是一个好的开始,但我们需要更多。因为 X 可能会发现自己已经趋向状态B，而这违背了他的意愿或他的判断。他不会支持基于A而趋向B，也不会试图通过援引A来辩护他最后止于B的行为（对于A使他趋向B，他可能会觉得问心有愧，所以他会认为根本没有任何支持B的理由）。因此，我们可以反过来这样尝试，即X把A当作B的理由，如果X确实支持并辩护这一做法。他认为，从共同观点来看，基于A而趋向B是被允许的。在旨在达成这样一个共同观点的对话中，他可以支持它。

这种支持或赞同可以有程度之分。在最弱的程度上而言，它可能是，X实际上并非不赞同基于意识到A而趋向B。更进一步，他会赞同它，并且最终不赞同任何意识到A却没有趋向B的人。他可能认为这一运动是强制性的。

这里所说的支持与赞同可以是合乎道德的，但它们不需要如此。如果某人听到某政客说了些东西，然后就相信它，人们可能会批评他太过轻信或容易受骗，并且这些是对他心灵运作方式的批评，而非具体的伦理或道德批评。是他的智力或才干造成了错误，即使他的心灵处在正确的位置。

当然，为了论述的便利，我将其抽象化了一点。正如整体主义（我们早些时候遇到过）提醒我们的，任何一个人，当他意识到某物时，他都会将其添加到他已经相信、知道、渴望、意图的东西的巨大背景中。

情况可能是，基于 A 而趋向 B 的运动与某些背景一致，但与其他背景不一致。我们可能想说，在其他条件均同的情况下，A 是 B 的理由，或者仅仅说 A 有时是 B 的理由。但是，有时候我们认为它是强制性的或者绝对的（categorical）。如果你知道 Y 在中国或印度，然后知道他不在印度，那么你可以推出他在中国。这是正确的，因此，你还相信什么已不重要。如果你相信房间里有五个女孩，然后相信房间里有五个男孩，那么结果有十个孩子就是正确的。人们可能说，逻辑学和数学编纂了（codify）强制性推理。有时候我们想把时钟拨回去，通过对 B 的厌恶来取消对 A 的接受，或者对我们的背景假设集中使这一推理成为一个好推理的其他任何东西的接受。你可以确定，下述命题不会都是真的：Y 在中国或印度；Y 不在印度；Y 不在中国。但是你可能不知道应该放弃哪个信念。所以，这样说会更好：逻辑学和数学决定了哪些命题集是必须避免的。这一集合是其中之一。

很多科学哲学家关心的不是逻辑一致性问题，也不是纯粹的数学推理和证明，而是如何评价对于实验和观察的解释。它需要考虑这样的东西，比如我们进行概括的倾向、对类比和模型的使用、在解释时对简单性的偏爱，以及对事物的解释所应具备的信心。这些本质上是评价性练习，并且就像在伦理学和道德中的讨论一样，有一个开放的结局并且易受判断和偏好的影响。如果我们回到马克斯·普朗克的看法，即一个理论的反对者永远不会被说服，他们只是死光了，那么我们就会认识到，一些推理倾向（给定这一混合中的其他要素）是冥顽不化和不可根除的。那些拥有这种倾向的人在我们心中有多糟糕，这可能会根据情况发生变化。如果他挡住了我们所确信的真理的道路（甚至如果他挡住了我们晋升和成名的道路），我们会倾向于不原谅他。

所以，就像我们讨论哪些动机和行为令人钦佩，是强制性的或不允许的一样，我们也可以用同样的方式讨论哪些心理活动是合理的或不合理的。从这里可以推出，对道德真理的怀疑主义意味着心理倾向（mental tendencies）合理或不合理的评估的怀疑主义。与此同时，关于某物是否是另一物的理由的错误理论（error theory）或虚构主义也会隐约出现。但是，这似乎完全不能容忍。说所有的心灵活动、所有的推理、所有对于事物的解释、所有相信事物的倾向都同样好，这是荒谬的。如果你看到一个电热托盘发红发热，那么最好这样预测：如果你碰它，它就会烧伤你，而不是预测它将做任何其他的事情，比如送给你很多金子，或者变成一只青蛙。

我们的许多推理都是自动的和潜在的（implicit）。看到前面有一把椅子，这一知觉会引导我去认为，如果我转过身，那么我身后有一把椅子。尽管这把椅子只是一个短暂的存在,难道我拥有这一知觉是不可能的?在我转过身并弯曲膝盖的那一刻,表明其不具有暗示,难道是不可能的?是的,几乎不可能。但是,一个认为这种可能性是开放的、没能做出这一推理的心灵,在这个我们生活于其中且已经适应了生活于其中的、非常有规律和可预测的世界中,不会很好地适应在其中生活。拥有这样一个心灵既没有用,也不令人愉快。实际上,极端地讲,它根本不是一个心灵,而只是此刻感觉的记录;用康德的话来说,是一首"感觉的狂想曲,甚至不如一场梦",或者如威廉·詹姆斯所说的,是"一种绽放的嗡嗡作响的混乱"。正是有了推理,感觉才变成知觉。

在我们谈论理由时,就像我们谈论美学和道德时一样,如果我们停止抽象地思考真理,而是关注它的"具体情况(particular go)",那么事情会变得更加清晰。然后,我们就会理解为什么需要真理:这是因为我们不想要人们错误地思考,在愚蠢的推理之路上步履蹒跚,以及我们需要表明在什么情况下可以算作是这样做的。我们把任何怪异的东西从这一领域中排除,并且我们使错误理论和虚构主义出局,因为它们都是对摩尔关于道德性质的非自然分配和道德事实"客观地在那里(out there)"的反应。在理由方面,他们同样认为,关于我们应该持有什么样的推理以及我们应该相信什么样的事物,存在一个非自然的分配(该分配存在于实在的某处,"客观地在那里"),但是对于我们能否获得它们却感到绝望。然而,如果我们从我们所处的地方开始,关注我们开始对话、达成一致和产生分歧的过程,并且关注在学习如何生活以及应该相信什么时我们所实际取得的成功,那么就可以获得适度的信心,尽管在任何时候我们都可能遇到难题。换句话说,我们把"道德真理"或"理性真理"定位为轴心重要的讨论和探究都围绕着它进行,希望能从我们知道的和自认为知道的关于人类及其局限性和其可能性的东西中得到启发。探究本质上是实践的:我们可以说它的目标是真理,但也可以将其描述为知道什么时候行动以及如何行动、应该钦佩谁、如何教育人们、应该相信什么,或者总而言之,如何生活。

## 10. 宗教与真理

与美学和伦理学一样，宗教也是这样一个领域，其资质如果用真理和事实来刻画，看起来绝对是可疑的。与美学一样，我们的个人反应（personal responses）显然存在巨大分歧，因为不同的宗教在不同的社会和文化环境中吸引着不同的人。但它们不可能都是真的。甚至像基督教或伊斯兰教这样的大宗教，其下面的教派也在激增，并且全都极易撒播不一致和仇恨。一个人的信仰在另一个人看来是精神错乱，或者更糟。和平共存是一种脆弱的品质，它不过是人心之战中短暂的休战。不幸的是，在交战中，一个教派的信徒经常着手谋杀另一个教派的信徒。

人们可能认为，这不过是一种不幸的副作用，是我们还没有找到正确语词或真的宗教的副产品。但是实际上，事情要更复杂。人类学家埃米尔·涂尔干（Emile Durkheim）认为，宗教实践的主要功能是将数量庞大的人们融合成一个社会整体，一个群体（congregation）。为此目的，信仰实践（如对某一文本、某一地点或某一事物的敬重）的随意本质（arbitrary nature）都被给予了理想的调适。你随意地获得一个独立的身份、一个部落的徽章。你不能通过说你是要吃饭和呼吸的人从而把自己与你的邻居区分开来，但是，你可以通过把自己确定为这样的人从而与你的邻居区分开来：你只阅读这些书，或只唱这些歌曲、戴这些样式的帽子、留这些造型的胡须、剪独特的发型、戴面纱、脱掉鞋子、吃海鲜、崇拜奶牛，或不这样做。

涂尔干的解释的一个优点是，它调和了信仰的随意系统的存在与进化压力以使我们确信的信念系统有助于行动成功。如果宗教是部落忠诚的首要胶合剂，那么，对于像我们这样的社会动物，免除对其教义的批判性关注很可能就是与之相适应的，而我们的推理能力要求我们赋予其他领域的信念以批判性关注。就理性而言，宗教有一张免罪牌（get-out-of-jail-free card）。否则的话，很难解释，在达尔文主义的世界中，为什么信仰的随意实践（甚至包括那些最为稀奇古怪的宗教行为）会取得成功。

对于这一机制起作用的方式，有一点至关重要，即它不被承认是以这样的方式起作用的。为了把人们融合进一个社会单位（social unit）或群体中，宗教需要信仰，而不需要这样的讽刺性理解，即如果现实是另外一副面孔，你将做出完全不同的事情。宗教教义的神秘性和不可描述性是这一信仰的女仆，它故意使人们的理解迷迷糊糊，为宗教信条披上一层保护罩（shroud）或迷雾，使得理性评估、概率权衡或科学调查不仅是无效的，而且亵渎神明，甚至在那些核心的神秘性面前显得极不恰当。有限的生物能够理解无限的神,这一假定就是放肆的,并且实际上亵渎神明。

也许是这样的,但几个世纪以来,神学家们一直试图做得更好。直到17世纪,欧洲和伊斯兰世界中最有能力的思想家们一直绞尽脑汁试图理解上帝。在这一过程中,像存在、时间、因果、实体、必然性、全能、预知、无限、恶这些概念以及其他诸多概念,被塑造、运用、抛弃或复活。在古代的、古典的世界中,最强大的哲学流派之一由怀疑论者(他们怀疑人类的理性能力能否搞清楚那些远离实证经验的事情)组成。但是,他们的警告对神学家几乎没什么影响,相比之下,建立对宇宙的真正理解,为上帝和我们自己确定一个明确的位置,则是一个辉煌的奖励。上帝是一切事物的根本原因,是宇宙存在的基础,是不动的推动者,唯一需要解决的问题是他与我们的关系。

托马斯·霍布斯(Thomas Hobbes)是最早向这样的野心泼冷水的现代声音之一[27]。霍布斯认为,对于人类而言,追问整个宇宙的原因或基础,并沿着因果链往后推,直到我们由于厌倦而无法更进一步,这是很自然的。然后,我们把停止点(stopping point)——对其我们不可能有明确的概念——称为上帝。霍布斯没有怒斥这种心灵倾向,但他坚持认为我们不能更进一步了:

> 一个人若除了自然理性所保证的,不会将其

他任何东西归于上帝,便必须使用这样的否定属性(negative attributes),如无限的、永恒的、不可理解的,或者最高级的形容词,如最高、最伟大,以及类似的,或者无定属性,如善的、公正的、神圣的造物主;并且在此意义上,这个人好像不打算宣布上帝是什么(因为这意味着将其限制在我们的想象范围内),而是宣称我们多么钦佩他,以及我们多么愿意服从他;这是谦卑的表现,也是我们想尽我们所能尊敬他的表现。[28]

在我们自己对于物理世界的终极基础有了模糊概念后,我们所能做的全部在某种程度上只是感恩,尽管我们完全不知道应该感谢何物。霍布斯提供了一个极好的类比来描述这些神学家们——他们假装告诉了我们更多东西——的迷惘(befuddlements):

> 但是,那些试图基于无限荣光(Attributes of Honour)来对世界进行理性认知的人,从一开始就丧失了理解力,他们从一个麻烦(Inconvenience)中掉入另一个麻烦中,没有终点,无穷无尽;类似的,就像一个不知道宫廷仪式(Ceremonies of Court)的人,来到一个比他通常与之说话的人更高大的人面前,并在进场时绊了一下,他为了不跌倒,外套差点滑落;为了整理好

外套,帽子却又掉了;随着一个混乱接着一个混乱,他发现了自己的震惊和粗野。[29]

因此,无论整个宇宙的原因或基础是什么,人类在试图理解它的努力中变得越发迷惘,这是人类命运之不可避免的一部分。

霍布斯通常被描述成一个无神论者,或者充其量是一个不可知论者,但是这些标签是否合适并非显而易见。他确实认为,一个国家的最高权力机关有权命令具体的宗教实践——在17世纪,宽容是一种罕见的品质——并且(至关重要地)他从未反对提出适当的赞美,即使除了(当然啦)那个支撑我们屹立于其上的巨大的自然结构,我们完全不知道赞美什么。对于信教的人来说,这样的赞美完全可以接受。这样的赞美可能包括,上帝是无限的、伟大的、公正的、仁爱的等等,但是我们应该认识到,这些说法并不是对存在(being)的描述,并且因此根据它们是否正确地把握了存在的本质而为真或为假。根据霍布斯,这样的赞美是:

> 祭品而非命题,这些名字如果按照我们的理解应用于上帝,那么会被称为亵渎和违反上帝的训令(他禁止我们滥用他的名义)的罪过,而不是真命题……所讨论的语词不是人们哲学化的命

题，而是那些表达敬意的人们的行动。[30]

简言之，神学家可能会认为，他们在研究上帝或来世的本质，但他们所设法去做的只是对世界（以及他们相互之间）采取一种快乐而安详的态度。正如涂尔干指出的，这种态度除了作为部落的胶合剂以外，还有其他功能，它们可以起到安慰的作用，因为正如哲学家罗杰·斯克鲁顿（Roger Scruton）所说的，来自虚构的朋友的安慰并不是虚构的安慰。当生活变得糟糕时，想象一个更美好的来世是令人愉快的。

为什么霍布斯如此肯定，对于奠定自然的整体结构的东西，不管它可能是什么，任何限定（circumscribe）其本质的尝试一定会失败？有限的东西不应该试图去理解无限的东西，这一惯用语就其自身而言很难令人信服（对于无限，数学家们设法说了很多东西）。也许，如果我们把英语传统中下一位关于神学推理的伟大批评家——大卫·休谟（David Hume）——请来，这个问题会进一步成为人们关注的焦点。

在其伟大遗著《自然宗教对话录》中，休谟出人意料地给出了两位"自然宗教"的代言人，他们试图仅凭我们日常推理的能力，证明上帝的存在以及描述上帝的某些本质。这两位代言人分别代表着这个事业的两个不同前进方向。第一个代言人，克里安提斯（Cleanthes），旨在证明存在一位神圣建筑师，一位被人性（human nature）所仿照的个体。这是一个有计划、有设计、有意图，甚至有情绪和偏好的存在。他是一个大写的人。另一个主人公，德梅亚（Demea），想要一些必然存在的东西，他的证明不是通过把世界看作类似于建筑师之作品的东西，而是思考一个不需要任何支持（人类最为明显需要支持）的存在。这一讨论可以通过这样的说法来概括，克里安提斯主张的是亚伯拉罕和以撒的上帝，而德梅亚则主张某种更抽象的东西，哲学家的上帝，《自然宗教对话录》中的第三个角色，代表休谟自己的菲罗（Philo），除了推动这两个表面上的盟友去发现他们之间的鸿沟有多巨大以外，什么也没做。

克里安提斯的问题非常明显。人类建筑师有很多性质。他们寿命有限，并且如果没有他们父母及祖先的先前活动，他们就不会存在。有些人比其他人经验丰富。有些人尚未衰老，而有些人则已经衰老了。他们倾向于在群体中一起工作，并且依赖传统和悠长的经验史。他们也会犯错误。他们中某些人的作品不如其他人的作品。它们依赖预先存在的、给定的材料（materials）。此外，如果我们只知道某个建筑师的一件作品，我们就只能推出，这是一个建造了那样东西的建筑师。如果我们没有这位建筑师的其他作品，或者没有其他建筑师的作品与之比较，我们甚至无法宣布，就其类型而言，它是一件好的还是坏的作品。并且我们肯定不能推出，他也建造了其他完全不同类型的建筑。尤其是我们更不能推出，他也设计了天堂。那就好像是，把某个讨人厌的孩子的诸多缺陷看作做出如下假定的理由：他有一个更好的兄弟姐妹。

在神圣建筑师中，这些性质没有一个具有类比物（analogy）。他寿命无限，不依赖父母和祖先，不犯错误，不生产劣质作品，不依赖预先存在的材料，不做学徒，不会衰老，并且他的工作不依赖传统或需要与他人合作。他超越了所有这些。因此，是时候让德梅亚展开他对于宇宙基础——它有时候被称为哲学家的上帝——的不那么拟人化的、更抽象的概念了。这是一个"必然的存在"，是自给自足的、永恒的、超越评估的，并且远不能被人类所模仿。也许德梅亚最好的类比物是数字（尽管说数字存在是否正确，哲学家们对此还在争论）。如果我们考虑一个数字，比如数字7，那么想象它在变化（在某一天它是偶数，接下来的一天是奇数）就毫无道理，它也不依赖任何物质，也并非寿命有限，而且至少就下述一点而言它是必然的：对于它不存在——就好像有一天我们可能发现，在数字6和数字8之间曾经有某物存在，然而现在，哎呀，它似乎消失了——这一观点，我们几乎不能给出任何辩护。不幸的是，数字7既不回应祈祷、关注人性、易受情绪和偏好影响，也不是一位顾问或法官、慰藉者或创造者。

所以现在，德梅亚可以把克里安提斯叫作"神人同形论者"，使上帝也像我们自己一样，只不过是一个处在天上的、拥有所有人类性质的老爹。多么不恰当，多么亵渎神明。克里安提斯则可以把德梅亚叫作我们对其不能说任何东西、我的任何祈祷都得不到回应的上帝，多么无用，多么神秘。最后，每个人都说对方比一个彻头彻尾的无神论者好不了多少。但是麻烦在于，普通的宗教信徒会发现，他需要在这两个概念之间摇摆。当他寻求上帝的帮助、宽恕或安慰时，他站在了克里安提斯一边；当他反思宇宙存在的可能基础时，他必须站在德梅亚一边。他处在休谟所说的"某种不负责任的精神状态"中，头脑中没有清晰的概念，并且因此没有可以评估其真值的清晰的信念或思想。而且，正如休谟在另一处所说的："仅靠粗心大意和注意力不集中提供不了任何救济。"[1]

令人惊奇的是，在所有这一切之后，休谟（与霍布斯一样）仍然保留着对人类心灵如下倾向的情有独钟：它引导人们去支持宇宙有一个终极因，或者存在一个神圣的建筑师。我们认为，在物理世界之外必须存在某些东西支撑其模式（patterns），一个神圣的维

---

[1] 这总是让我想起，在路易斯·卡罗尔（Lewis Carroll）的《爱丽丝梦游仙境》中，爱丽丝在听到那首无稽之谈的诗《无稽之谈》（*Jabberwocky*）后所说的话："这似乎让我的脑子里充满想法——但我不知道它们是什么。"

护者保持其规律运行、其巨大的规模不变,其整个结构能够支持秩序和生命。在《自然宗教对话录》的最后一节中,休谟本人展现了对这种心灵倾向的同情。然而,这不过意味着怀疑论者的目标发生了变化。至于你说什么东西相信什么东西,这不再重要。正如霍布斯所说的,我们处在这样一个地方,在这里,语词的功能仅仅是作为"祭品"、祈祷或者赞美诗,而不是对世界各方面的描述。我们没有处在一个期待真理的地方。用詹姆斯的话来说,我们没有可以被接受、证实、确认或确证的学说。我们所拥有的是更类似于歌曲和舞蹈的东西。像往常一样,休谟令人钦佩地总结道:

> 以我们有限的理解去突破这些界限(它们对于我们美好的想象力来说太狭窄了)是徒劳无功的。尽管我们基于自然规律推出了一个具体的智能原因(intelligent cause)(它最先被给予,并且依然保留了宇宙中的秩序),但是我们信奉了既不确定又无用的原则。它是不确定的,因为该主题完全超出了人类经验可触及的范围;它是无用的,因为我们关于这一原因的知识完全来自于自然规律。根据正确推理的规则,我们永远不能通过任何新的推理或者增加新的东西到共同经验到的自然规律中,从而从该原因返回去建立任何新的行

为原则。[31]

重要的是,你不应该从你想说的或想象的东西中得出任何推论。如果你愿意,你可以放纵超自然的想象与实践——霍布斯认为,一个秩序良好的国家会使"你应该这样做"成为一条法律——但是你不要认为,对于期待什么、爱谁和恨谁、容忍或反对什么、如何与邻居相处,或者(一般地)如何生活,你可以得出任何结论。你必须自己处理所有这些。无论神圣文本的作者——传教士、牧师和伊玛目,以及主张宗教基础的各种道德规范的维护者——是否知道这一点,这就是他们所一直在做的,有时是有益的,但通常是灾难性的。

那么,宗教有可能得到我们之前给予美学和伦理学的相同的慷慨吗?在那里,我们从被抽象真理所困扰转向描述以及鼓励探究者与评论家的实践。努力改进我们对于事物的实践(practical)反应是一项有价值的活动,并且认识到我们会努力寻找这种改进是一项关于谦虚的良好练习。我们能否类似地说,有一些宗教实践(包括探究和讨论的宗教实践)既可以看作尝试了解如何改进我们对宇宙的认识和态度,又可以看作尝试寻找宗教真理?这一练习可以看作接近艺术和美学的实践。正如一个音乐家可能被描述为,对于(例如)春天到来时自己的反应,他尝试找到一个恰当的表达，一个宗教能手也可以被描述为，对于自己的希望、安慰、感恩或与宇宙的和解，他尝试找到一个恰当的表达。

这个建议很合适，并且可能有一些它非常适合的宗教实践和态度。对生活的宗教态度可能是对生活有良好调整（well-tuned）的美学和伦理态度的另一种（好的？）版本。但是，尽管很容易同意在伦理学中存在know-how问题，或者在很多与品味和艺术相关的实践中存在经验和专长的等级，我们却很难相信，当涉及宗教时，同样的事是真的，或者以同样的方式为真。美好的快乐是一回事，自残式（self-lacerating）的绝望是另一回事，但是两者在宗教实践中似乎都能找到平等的位置。巴赫的音乐是一回事，并且如果意识到它穷尽了宗教实践，那么一切都会好起来，但是宗派主义者与圣战分子的仇恨是另一回事。或许，正如各种宗教的否定法（apophatic）传统——它仅仅说上帝不是什么——所建议的，关于这个世界的真的（truly）宗教态度最好的是保持沉默；但是，沉默并没有表达任何真理，并且清楚地说出沉默所包含的智慧的努力，并不善于提供任何可被识别为know-how的东西，而是更善于提供像霍布斯所说的迷惘（befuddlement）那样的东西。沉默的宗教不是通往部落认同或者获得希望与安慰的方式，也不是通往道德强化的供给。但是，所有这些东西都是人们在其宗教中寻求的东西。

因此，我们发现（也许并不令人惊讶），任何寻求与伦理学和美学确立亲戚关系，并因此使自身作为追求真理的某种类型的宗教实践，最终一定会在伦理学和美学的被告席上受审。它推荐的这些实践是有用且令人愉快的吗？它所命令的对世界的态度是恰当的且令人钦佩的，就像伟大艺术、文学或音乐所鼓励的那样？它摆脱了对人类的虚荣、骄傲或自欺欺人，更不用说部落主义和宗派主义的歌颂吗？如果这些问题的答案都是肯定的，那么至少没什么东西要去反对或抱怨。通过与伦理学和美学的真理（我们一直很喜欢它们）共享一个车厢，宗教真理可以找到一个卧铺。

但是宗教也是一种提高分贝的方法。一个异议者不是一个其声音会被容纳的人，不是一个我们可以努力减轻怀疑，与他在事物上同一条心的同伴研究者，而是某个会被拒绝或消灭的人。*Anathema sit*：让它被诅咒吧。所以，通过观察宗教在现实世界中实现自己的方式，我们会知道不应该过于乐观。

# 11. 解释

这些讨论的教训基本上是简单的，但我希望它足够有冲击力以至于值得强调。皮尔斯、詹姆斯、边沁以及其他人不断使我们想起我们的实际活动、实际动机和关切。我们只拥有我们所拥有的语言和思想资源，因为有些活动被证明是有用的或必不可少的。这些活动包括试图把问题弄清楚，试图尽可能少地扭曲我们自己关于信念和倾向的遗产，以应对与世界的接触所产生的问题。关于真理、理由、辩护、知识、确定性以及怀疑这些东西的语言是我们讨论这一切的工具。这一语言在任何主题（如我们所看到的，甚至那些真理在其中被证明是特别难以把握和有争议的主题，如伦理学和美学）中都以同样的方式被加以运用。

这种语言也适用于**解释学**（interpretive disciplines）。在解释学中，我们试图理解一段历史或一组文本。一个有趣的例子是普通法，这是一种建立在经验和理由基础上的结构。普通法由一连串适应性调整（adaptations）演变而来，这些调整针对困难的案例、未预料的问题、原则、法规、规则和理由而展开，所有这些都是由于经验的压力而逐步完善的，并且（我们希望）是更好的想法替代更糟糕的想法。它是一座大厦、一座大教堂（尤其是在律师的心目中），但却天然地生长，并且与真理自身的神圣性一样值得崇拜。或许如此。亚里士多德说,我们应该生活在法治而不是人治之下。这暗示着一种结构,它在地球上找不到,但却从高处以某种方式把自己投射在我们身上。总是脚踏实地的霍布斯狠狠地嘲笑了这一说法:

> 因此,这是亚里士多德政治观的另一个错误,即在一个秩序井然的国家中,处于统治地位的不应该是人而应该是法律。一个拥有其自然感觉(natural senses)的人,纵使既不会写也不会读,谁又看不到他自己受那些他害怕的,并相信在他不服从时会杀死或伤害他的人支配?谁又会相信没有人控制、没有人握着剑为后盾,仅仅是文字与纸张的法律会伤害自己?[32]

总而言之,法律是主权国家以武力为后盾的命令。[1] 当然,我们希望立法机关和行政机关尽可能忠诚于原

---

1 霍布斯的观点——它得到了后来的法哲学家(如杰里米·边沁和约翰·奥斯汀)的附和——被 H. L. A. 哈特在其极富影响的书《法律概念》中所质疑。哈特有两个论证。一个是,可能很难确定哪个机构是主权者,对此的回答是,当这是真的时,同样很难知道法律是什么——只需考虑一下失败的国家。另一个是,某些法律使我们能够做事,比如立下有效的遗嘱,而不是命令我们做事。这是真的,但是效力(force)紧随其后,因为遗嘱的有效性意味着预期的受益人成为遗产中财产的所有者,这反过来意味着任何占有该财产的人都将招致法律的全部效力。对霍布斯、边沁或奥斯汀进行任何调整都是不必要的。

有的法律，并且因此要求不要突然进行改变、不要有追溯效力的立法以及不要有任意的强制（arbitrary diktats）等等。如果是这样的话，那么在某种意义上我们就有了"法治"，而如果没有这种传统和保守主义（在这一词之特别好的意义上），法律存在理由的保证就会崩溃。投资的稳定性、财产和合约，以及安全性本身，会枯萎并可能消失。如果人们的财产到了夏天就会被没收，谁还会播种庄稼呢？

如果我们能够确定，在一个不断进步的过程中，后来的法律比先前的法律更好，那就太好了。但是，主权机构的命令，以及法院对这些命令的处理，这些都来自于政治的和其他的人类动机：贪婪和恐惧、傲慢、对财富的欲望、权力的腐败，以及关于人性的幼稚幻想等等。即使通过对传统的解释缓和了这一点，它们可能仍然代表倒退。因此，举例来说，法律现在为我们提供了一份英国的免税代码（tax code），它大概有17 000页，并且被恰当地描述成引诱富人到避税天堂的狗哨。在美国，美国宪法引起了这样令人厌恶的奇观：最高法院的老人们想知道，如果美国宪法的制定者们知道现代的自动化武器和拥挤的城市生活，那么他们"会"打算怎么做？因此，保障人民组建民兵和携带武器的权利的条款被解释成，几乎任何人都可以在这种情况下拥有并经常携带此类武器。它还没有涵盖火箭筒、手榴弹或战术核武器，但是毫无疑问，尽管近年来被幼童杀死的美国公民要多于被恐怖分子杀死的，这些武器仍将会出现。[1]

有时候，在规则所针对的情形之外应用规则，其困难与其说是悲剧不如说是喜剧，这正像俄罗斯船长根纳迪·卢佩（Gennardy Lupey）面临如下指控时认罪一样：他在掌控一条船时醉酒了。人们可能认为这是一项严重的罪行，除非当时他的船正在干涸的船坞等待被拆分，因此可怜的根纳迪没有理由保持清醒而不是在家里举行派对。[2]

关于法律是什么的争论采取如下方式进行：引用过去的实践，并解释它为什么是现在的形态。关于法律应该是什么的争论是一个道德和政治的问题。这两者是不同的，但并非完全无关，因为过去的法律和约定将影响我们对于得体和体面的认识，而这反过来又塑造了我们对应该做什么的判断。但是，这并没有阻碍我们认识这种区别，并且非常频繁地认识到，我们现在的立场中没有什么神圣不可侵犯的东西。

解释学（如历史或法律等）中的研究容易引起争

---

[1] 第二修正案的案文写道："一个受到良好监管的民兵对于自由国家的安全是必要的，人民保留和携带武器的权利不应受到侵犯。"由于无情的商业压力和对人性的幻想，最初的条款——它清楚地介绍了修正案的要点，现在完全被忽略了。

[2] 该案件于2016年5月30日为《伦敦时报》所报道。哲学家们将围绕知道如何将规则扩展到新案例中的这些问题称为"遵守规则之虑"（rule following considerations），首先由维特根斯坦所强调。

议并且是可错的。其结论通常是暂时性的，并且向精炼、改进甚至彻底否认开放。在这里，真理似乎特别易逝。尽管如此，怎样都行（anything goes）也远不是真的：即使我们关于事物怎么样的图像是不完整的，它们仍然可能比其他的图像更好。甚至当真理遮掩自己时，虚假是什么也可被察觉。在其他情况中（关于此时此地的简单经验信念），把事物搞错的代价也会立即出现，而且会越来越大。但是，无论问题是困难的还是容易的，推理都以相同的方式起作用，并且应该得到同样的尊重。通过将关于理性的讨论看作同一个评价练习［只要"好的""应该""必须"这些负载的（loaded）词语以及它们的亲属支配我们的思想，这就会发生］的不同版本，我们就会缩小下述两者之间的空隙：一方面是科学的练习与经验理性，另一方面是实践理性和审美理性。所有这些都关注于对价值和优先事项（priorities）的共同追求。这些价值提供了我们对待世界的立场，这种立场让我们走在皮尔斯的沼泽上，而不是事实的基石上。我们站在这里，直到出现道路。

通过在其中插入自治与主权的共同幻想，"我按自己的方式行事"夸耀了由弗兰克·辛纳屈（Frank Sinatra）使其流行起来的歌曲。但是，没有人按自己的方式行事，因为每个人都站在历史和文化的巨大积累上，站在几代人反复试错并改进的工作上。我们都在说一种并非由我们自己所发明的语言，受益于我们并没有参与的约定，在我们并没有对其进行修整的道路上旅行，居住在并非我们亲手建造的房子中，受到我们并没有参与制定的法律的保护。就像在政治和商业的世界中一样，认为自己是思想和观念世界中的自我创造者将是一种妄想。

那么，我们如何对那些就此刻而言似乎有坚实基础的观点保持信心？最好的答案有些残酷，那就是我们别无选择。想象一下，我们回到笛卡尔式的追求，即寻求一种不需要立场、不需要地标、不需要行李的方法，该方法以其全部的荣耀命令单纯的心灵效忠。我们不需要也无法拥有这样的东西。我们从所处的地方"单刀直入（in medias res）"，利用继承的心理习惯、经验、自然的和训练有素的观察能力，以及推论和推理这些庞大的遗产，处理出现的问题。我们利用对下述事物的感觉：类似于信任的东西，我们可以做出的简化的、有用的东西，以及巩固我们对于同伴的判断（我们尊重其判断）的东西。无论形形色色的怀疑论者和愤世嫉俗者可能会说什么，我们都别无选择。如果没有基本的信心、稳固的推理路径、偏好、相对固定的快乐和欲望，我们就无法生存。这些给了我们坚固的岩石，我们必须围绕它们来引导我们脆弱的精力或注意力（to steer our fragile barks）。

这就是追求真理所要做的：探究真理，消除怀疑，改进我们对世界的理解。当我们回顾过去人类几千年的历史时会发现，我们似乎没有做得那么糟糕。理由和解释都存在于达尔文的世界中，在这个世界中，我们可能希望，不仅是大的动物，而且那些 *dulce et utile*——令人愉悦的和有用的动物——会在竞争中战胜其他动物。我们应该向我们的祖先敬酒，因为他们使我们处在了我们所处的地方，并且因为理由（哲学家警察的保护国）是我们所关注的，因此我们必须不断观察引导我们走上坡路或下坡路的力量，并相信最好的将会克服最坏的。

# 注释

## 1. 符合论

[1] Jeremy Bentham, *Deontology, Or The Science of Morality*, vol. 2, § 52.

[2] *Collected Papers of Charles Sanders Peirce*, vol. 8, Arthur W. Burks, ed., Cambridge: Harvard University Press, 1958, § 112, p. 83.

[3] Donald Davidson, 'Truth Rehabilitated', in Brandom, ed., *Rorty and his Critics*, Oxford: Blackwell, 2000, p. 66.

[4] Richard Rorty, 'Texts and Lumps', in his *Philosophical Papers*, vol. 1, Cambridge: Cambridge University Press, p. 79; Peter Strawson, 'Truth', in *Proceedings of the Aristotelian Society* 1950, p. 129.

[5] Brand Blanshard, *The Nature of Thought*, London: Allen & Unwin, 1939, vol. 2, p. 268.

[6] Gottlob Frege, 'The Thought: A Logical Inquiry', *Mind*, vol. 65, 1956, p. 292.

[7] William James, *Pragmatism*, New York: Longmans, Green & Co, 1907, p. 246.

[8] William James, *Pragmatism*, p. 62.

[9] James Leuba, 'Professor William James's Interpretation of Religious Experience', *International Journal of Ethics*, vol. 14, 1903, p. 331.

## 2. 融贯论

[10] John McDowell, *Mind and World*, Cambridge: Harvard University Press, 1996, p. 11.

[11] Donald Davidson, 'A Coherence Theory of Truth and Knowledge', in Lepore, ed., *Truth and Interpretation: Perspectives on the Philosophy of Donald Davidson*, Oxford: Blackwell, 1986, p. 310.

## 3. 实用主义

[12] William James, *The Meaning of Truth*, New York: Longmans, Green & Co. 1927, p. 76.

[13] C. S. Peirce, 'How to Make Our Ideas Clear', in *Chance, Love, and Logic*, Lincoln, Nebraska: Bison Books, 1998. Essay originally published in 1878.

[14] William James, *The Meaning of Truth*, p. 189.

[15] Sir Hugh Trevor-Roper, 'The Invention of Tradition: The Highland Tradition of Scotland', in *The Invention of Tradition*, Eric Hobsbawm & Terence Ranger, eds, Cambridge: Cambridge University Press, 1983. Of course the Scots are not alone. Myths of national glory are virtually inescapable.

[16] William James, *Pragmatism*, p. 233.

[17] *The Collected Papers of Charles Sanders Peirce*, vol. 5, Charles Harshorne & Paul Weiss, eds, Cambridge: Harvard University Press, 1934, § 589, p. 412.

## 4. 紧缩主义

[18] Harry Frankfurt, *On Bullshit*, Princeton: Princeton University Press, 2005.

## 6. 小结

[19] William James, *Pragmatism*, p. 197.

## 7. 品味的真理:艺术中的真理

[20] Henry James, *Portraits of Places*, London: Macmillan, 1883. Unless other-wise signalled, the quotations from Henry James are from this essay.

[21] T. S. Eliot, 'The Function of Criticism', in *The

Complete Prose of T.S. Eliot, The Perfect Critic 1919 - 1926, A. Cuda & R. Schuchard, eds, Baltimore: Johns Hopkins University Press, 2014, p. 459.
[22] Hume, 'Of The Standard of Taste', in Essays, Moral, Political and Literary, vol.1, Eugene F. Miller, ed. , Indianapolis: Liberty Fund, p. 244.
[23] R. G. Collingwood, The Principles of Art, Oxford: Oxford University Press, 1938, pp. 110f.
[24] Ibid. , pp. 125 - 53.

## 8. 伦理学中的真理

[25] David Hume, Enquiry Concerning the Principles of Morals, L. A. Selby-Bigge, ed. , Oxford: Oxford University Press, 1975, §9, pp. 272 - 3.
[26] David Hume, Enquiry Concerning the Principles of Morals, appendix 3, p. 306.

## 10. 宗教与真理

[27] The paragraphs that follow are owed to the scholarship and interpretation of Thomas Holden, 'Hobbes's First Cause', Journal of the History of Philosophy, vol. 53, no. 4, 2015, pp. 647 - 68.
[28] Hobbes, Leviathan, London 1651, Rod Hay, ed. , for the McMaster University Archive of the History of

Economic Thought, xxxi, p. 223.

[29]  Hobbes, *Leviathan*, xlvi, p. 423.

[30]  Hobbes, *Critique du* De Mundo *de Thomas White*, J. Jacquot and H. W. Jones, eds, Paris: J. Vrin, 1973, xxxv §16, p. 32.

[31]  Hume, *Enquiry Concerning Human Nature*, L. A. Selby-Bigge, ed., Oxford: Oxford University Press, 1975, §11, p. 142.

## 11. 解释

[32]  Hobbes, *Leviathan*, xlvi, p. 427.

# 进一步的研究

讨论真理的经典读本与文章的有用合集包括：

Blackburn, Simon, & Simmons, Keith (eds), *Truth*. Oxford: Oxford University Press (1999)

Horwich, Paul (ed.), *Theories of Truth*. New York: Dart-mouth (1994)

Lynch, Michael P. (ed.), *The Nature of Truth: Classic and* Contemporary Perspectives. Boston: The MIT Press (2001)

Schmitt, Frederick F. (ed.), *Theories of Truth*. Oxford: Black-well (2003)

对于真和假在经典哲学中出现问题的方式，下述文献给出了有价值的说明：

Denyer, Nicholas, *Language, Thought, and Falsehood in Ancient Greek Philosophy*. London: Routledge (1991)

直到19世纪末，以真理本身为主题的文章和书籍才开始激增。虽然英国的唯心主义者，尤其是布拉德雷（F. H. Bradley）在他的论文《论真理与复制（On Truth and Copying)》(*Mind*，1907）和乔基姆（H. H. Joachim）在他的《真理的本质（*The Nature of Truth*）》(Oxford: Oxford University Press，1906）中，曾强有力地攻击了符合论，但是，依然有学者试图辩护符合论，这样的工作包括：

Russell, Bertrand, 'The Philosophy of Logical Atomism', in R. C. Marsh (ed.), *Logic and Knowledge*. London: Allen & Unwin (1956)

Wittgenstein, Ludwig, *Tractatus Logico-Philosophicus*. London: Routledge (1922)

然而，在他们手中，符合论需要一种复杂的、现在已经失去信誉的形而上学。但是，符合的想法本身并未因此消失。后来的贡献包括：

Armstrong, D. M., *A World of States of Affairs*. Cambridge: Cambridge University Press (1997)

Armstrong, D. M., *Truth and Truthmakers*.

Cambridge: Cambridge University Press (2004)

下述文献探讨了符合论与真理紧缩主义之间的关系:
David, Marian, *Correspondence and Disquotation: An Essay on the Nature of Truth*. New York: Oxford University Press (1996)
Merricks, Trenton, *Truth and Ontology*. Oxford: Oxford University Press (2007)

在数学哲学中,人们很自然地怀疑,数学真理除了可证明性之外没有更多的东西,尽管像哥德尔(Kurt Gödel)著名的不完全性定理这样的技术结果使得这一点难以解释和辩护。迈克尔·达米特(Michael Dummett)的《真理与其他谜题(*Truth and Other Enigmas*)》(Oxford: Clarendon Press, 1978)中所收录的文章以这样的做法为中心:把相似的研究方法运用到其他领域的真理和可断定性之间的关系上。这种方法(它类似于皮尔斯的方法优先于真理)与伦理学理论(在其中,德性是比通过运用德性而实现的任何善更基本的概念)之间有一种平行关系。每一种方法都给予了过程而不是结果以优待。一个关于这种平行关系的集子如下:
Battaly, Heather D. (ed.), *Virtue and Vice, Moral and*

*Epistemic*. Oxford: Blackwell (2010)

沿着达米特的方向的进一步的工作可在赖特（Crispin Wright）的《真理与客观性（*Truth and Objectivity*)》（Cambridge, MA: Harvard University Press, 1992）一书中找到。赖特的书也激发了这样一种观点，即不同的领域有不同的真理。关于这一主题的一个有用的集子如下：

Pedersen, Nikolai, & Wright, Cory (eds), *Truth and Pluralism: Current Debates*. Oxford: Oxford University Press (2013)

在弗雷格（Gottlob Frege）的《思想》——收录在他的《逻辑研究（*Logical Investigations*)》（Oxford: Blackwell, 1977）中——以及《思想：一个逻辑研究（*The thought: A Logical Inquiry*)》（*Mind* 65, 1956）中，可以找到真理紧缩主义的最初萌芽。拉姆赛（F. P. Ramsey）的论文《事实和命题（Facts and Propositions)》（*Aristotelian Society Supplementary* Volume 7, 1927）是这一想法的另一个先驱。后来的重要文献包括：

Horwich, Paul, *Truth*. Oxford: Blackwell (1990)

Quine, W. V. O., *Pursuit of Truth*. Harvard University Press (1992)

下述集子中收录的文章推动了真理是不可定义的这一想法：

Davidson, Donald, *Inquiries into Truth and Interpretation: Philosophical Essays* vol. 2. Oxford: Oxford University Press (2001)

说谎者悖论及其变种已经产生了大量并且通常是技术性的文献。一个易读的且有趣的说明可在下述文献中找到：

Simmons, Keith, *Universality and the Liar: An Essay on Truth and the Diagonal Argument*. Cambridge: Cambridge University Press (1993)

下述文献探讨了真理论与关于真理概念的现代或后现代的怀疑主义之间的相关性：

Blackburn, Simon, *Truth: A Guide for the Perplexed*. London: Allen Lane & Penguin (2005)

Nagel, Ernest, *The Last Word*. New York: Oxford University Press (1997)

Williams, Bernard, *Truth and Truthfulness*. Princeton: Princeton University Press (2002)

真理不可避免地与形而上学和本体论的问题关联在一起。一个有用的涉猎广泛的集子如下：

Chalmers, David, Manley, David, & Wasserman, Ryan (eds), *Metametaphysics: New Essays on the Foundations of Ontology*. New York: Oxford University Press (2009)

关于真理这个论题的互联网资源包括斯坦福哲学百科全书（网址：http://plato.stanford.edu/）以及哲学论文网（网址：http://philpapers.org/）。还有一个经典的视频，它是斯特劳森爵士与伊文斯（Gareth Evans）在1973年的对话，该对话第一部分的网址是 https://www.youtube.com/watch?v=BLV-eYacfbE，第二部分的网址是 https://www.youtube.com/watch?v=w_ _pIcl_1rs。对于人们如何找到自己进入哲学领域的方法，下述采访是另一个出色的资源，http://www.philosophybites.com/。

# 索引

（本索引页码均为原书页码，即中译本页边码）

## A

Absolute, the（绝对） 20
也参见 God（上帝）
aesthetics（美学） 1, 10, 16, 63, 69-80, 81, 91, 99, 101, 110, 111, 113
afterlife（来世） 105
*Alice's Adventures in Wonderland*（《爱丽丝梦游仙境》） 108
American pragmatism（美国实用主义） 31, 39
也参见 pragmatism（实用主义）
animal rights（动物权利） 81, 93
anthropomorphism（拟人论） 9
arbitrary belief（任意的信念） 101, 102
Aristotle（亚里士多德） 9, 64, 84, 114
art（艺术） 69-80, 110, 111, 112
assertion（断定） 8, 13, 43, 44-5, 46, 48-50, 54-6, 58, 61, 77, 124-5
也参见 belief（信念）、experience（经验）、observation

（观察）

atheism（无神论） 104, 108

Austen, Jane 简·奥斯汀 87

Austin, John 约翰·奥斯汀 114

## B

Bacon, Francis（弗朗西斯·培根） 54

Bain, Alexander（亚历山大·贝恩） 31

bees（蜜蜂） 31

Beethoven, Ludwig van（路德维希·凡·贝多芬） 75, 76

belief（信念） 8-9, 11-14, 24, 101, 102

也参见 assertion（断定）、experience（经验）、observation（观察）

belief systems, holism of（整体主义的信念系统） 19, 96

Bentham, Jeremy（杰里米·边沁） 1, 2, 4, 63, 93, 113, 114

Bernstein, Leonard（伦纳德·伯恩斯坦） 75

Bradley, F. H.（Francis Herbert）（F. H. 布拉德雷） 123

British Idealists（英国唯心主义者） 19-20, 123

Butler, Joseph（约瑟夫·巴特勒） 85

## C

Lewis Carroll（刘易斯·卡罗尔） 108

Cartesian scepticism（笛卡尔式怀疑主义） 18

也参见 scepticism（怀疑主义）

certainty（确定性） 26, 56-7, 77, 113

Christianity（基督教） 101

Cleanthes（克里安提斯） 106, 108

Clerk Maxwell, James（詹姆斯·克拉克·麦克斯韦） 63

coherence（融贯论） 17-28, 40

Collingwood, R. G.（Robin George）（R. G. 柯林伍德） 79-80

common law（普通法） 113-14

也参见 law（法律）

common sense（常识） 20

*Concept of Law, The*（《法律概念》） 114

controlled coherence（受控的融贯） 27-8

correspondence（符合论） 17-28

criticism(批判主义) 70-78

critics(评论家) 70-73

**D**

Darwinianism(达尔文主义) 37, 102, 118

Davidson, Donald(唐纳德·戴维森) 1, 10, 24-5, 28, 61

deflationism(紧缩主义) 42, 43-62

Demea(德梅亚) 106, 107, 108

Descartes, René(勒内·笛卡尔) 18

Dewey, John(约翰·杜威) 31

*Dialogues Concerning Natural Religion, The*(《自然宗教对话录》) 106 109

Divine Architect(神圣建筑师) 106, 107, 108

Dummett, Michael(迈克尔·达米特) 124, 125

Durkheim, Emile(埃米尔·涂尔干) 101-2, 105

**E**

Eiffel Tower(埃菲尔铁塔) 13

Einstein, Albert(阿尔伯特·爱因斯坦) 49

Eliot, T. S. (Thomas Stearns) (T. S. 艾略特) 71, 72

emotion(情感) 79-80, 95, 106, 108

empiricism(经验主义) 20, 63, 78, 82, 90, 103, 117

enquiry(探究) 5, 13, 17-18, 23, 33, 39, 40, 44, 46, 47-8, 63-6, 77, 94, 100, 110, 116

error theory(错误理论) 83, 98, 99

ethics(伦理学) 1, 10, 16, 64, 81-94, 97, 101, 110, 111, 113

evolution(进化) 30, 40, 83, 89-90, 102

experience(经验) 14-15, 17, 22, 25-6, 34, 39, 40, 60, 62, 103, 107, 111, 113, 118

experiment(实验) 22, 23, 39, 97

**F**

facts(事实) 10-11, 13

fact, interpretation(事实的解释) 10, 14, 15

failure(失败) 29

faith(信仰) 56, 101, 102

falsity, truth and(真与假) 117, 123

Federer, Roger(罗杰·费德勒) 54

fictionalism（虚构主义） 83, 98, 99
foundationalism（基础主义） 39
Frankfurt, Harry（哈里·法兰克福） 50
Frege, Gottlob（戈特洛布·弗雷格） 13, 43, 55, 125
Frisch, Karl von（卡尔·冯·弗里希） 31

**G**

Gaia（盖亚） 36
geology（地质学） 52, 53
God（上帝） 20, 33, 35-7, 39, 94, 103-4, 105, 106-8, 111
Goodman, Nelson（尼尔森·古德曼） 10
Grice, H. P. (Herbert Paul)（H. P. 格赖斯） 57

**H**

Habermas, Jürgen（尤尔根·哈贝马斯） 10
Hart, H. L. A. (Herbert Lionel Adolphus)（H. L. A. 哈特） 114
Hegel, Georg Wilhelm Friedrich（黑格尔） 19
Henry Ⅷ, king of England（亨利八世） 44
history（历史） 27, 63, 64, 85, 116
Hobbes, Thomas（托马斯·霍布斯） 85, 103-5, 109, 110, 111, 114
holism of belief systems（信念系统的整体主义） 19, 96
Homer（荷马） 76
Horace (Quintus Horatius Flaccus) 贺拉斯 86
Hume, David（大卫·休谟） 31, 73-4, 84-90, 92, 93, 94, 106, 108, 109
Hutcheson, Frances（弗朗西斯·哈奇森） 85

**I**

Idealists, British 英国的唯心主义者 19-20, 123
implicature（隐含义） 57
interpretation（解释） 11, 17, 23, 24
Islam（伊斯兰教） 101

**J**

James, Henry（亨利·詹姆斯） 70-72, 75, 77-8
James, William（威廉·詹姆斯） 14, 15, 23, 31-2, 35-7, 38, 41, 63, 64-5, 74, 76, 99, 109, 113
Jesus（耶稣） 54
Joachim, H. H. (Harold Henry)（H. H. 乔基姆）

20, 123
judgement（判断） 12
justice（正义） 92, 93

## K

Kant, Immanuel（康德） 15, 19, 20, 94-5, 86, 93, 94, 99

## L

language（语言） 8, 28, 58, 59-62, 74-75, 87, 89, 113, 117

law（法律） 90, 113, 114, 115, 116, 117

也参见 common law（普通法）

liar, paradox of the（说谎者悖论） 59, 126

literature（文学） 80

London Underground（伦敦地铁） 7

Lupey, Gennardy（根纳迪·卢佩） 116

## M

maps（地图） 7, 9, 11
mathematics（数学） 63, 96, 97, 124
McDowell, John（约翰·麦克道威尔） 22
medicine（医学） 53
meta-belief（元信念） 22
metaphysical realism（形而上学实在论） 15
metaphysics（形而上学） 91, 124
minimalism（极小主义） 42

也参见 deflationism（紧缩主义）

Moore, G. E. (George Edward)（G. E. 摩尔） 82, 83, 90, 91, 99

morality（道德规范） 63, 64, 69, 82-3, 84-8, 90, 91, 93, 95, 97-9, 110, 111, 116

*Mornings in Florence*（《佛罗伦萨的清晨》） 70-71

music（音乐） 72, 75, 80, 110, 111, 112

## N

Nietzsche, Friedrich（弗里德里希·尼采） 37, 41

nominal equivalence（倒腾词汇） 9-10

## O

observation（观察） 10, 13, 22, 23, 25, 97, 118

也参见 assertion（断定）、belief（信念）、experience（经验）

## P

paradox of the liar（说谎者

悖论) 59, 126
Pavlov, Ivan(依凡·巴甫洛夫) 24, 25
Peirce, C. S. (Charles Sanders)(C. S. 皮尔斯) 1, 2, 4, 32, 34, 35, 36, 40, 44, 63, 64, 65, 69, 76, 82, 84, 94, 113, 117, 125
perception(知觉) 23
Philo(菲罗) 106
physics(物理学) 53, 54
Planck, Max(马克斯·普朗克) 34, 97-8
Pontius Pilate(本丢·彼拉多) 54-5
portraits(肖像) 7, 9, 11
postmodernism(后现代主义) 1, 41, 126
attitude to science(对于科学的后现代主义态度) 29-30
postmodern scepticism(后现代的怀疑主义) 41, 126
也参见 scepticism(怀疑主义)
pragmatism(实用主义) 1, 29-42, 50
American pragmatism(美国实用主义) 31, 39
principle of charity(宽容原则) 28
Putnam, Hilary(希拉里·普特南) 10

**Q**

quantum theory(量子理论) 34, 52
Quine, Willard Van Orman(威拉德·凡·奥曼·蒯因) 10

**R**

Ramsey, F. P. (Frank Plumpton)(F. P. 兰姆赛) 125
rationalism(理性主义) 77
rationality(理性) 93
reason(理由) 95-100
reciprocity(互惠互利) 88-9
redundancy theory of truth(真理冗余论) 45
也参见 deflationism(紧缩主义)
relativism(相对主义) 1, 37
relativity, theories of(相对论) 39
religion(宗教) 1, 63, 81, 101-12
religious belief(宗教信念) 15, 27, 35-7, 39, 56, 105, 108, 110-11
也参见 God(上帝)
Rorty, Richard(理查德·罗蒂) 1, 10, 41, 42
Rousseau, Jean-Jacques(让·雅克·卢梭) 70, 85

Ruskin, John（约翰·罗斯金） 70, 71
Russell, Bertrand（伯特兰·罗素） 20, 21, 27

## S

scepticism（怀疑主义） 1, 16, 18, 20, 39, 41, 42, 76, 83, 90, 91, 94, 98
postmodern scepticism（后现代的怀疑主义） 41, 126
Schubert, Franz（弗兰茨·舒伯特）79
science（科学） 20, 27, 29-30, 50-53, 64,
philosophy of science（科学哲学） 97-8
postmodern attitude to science（对于科学的后现代态度） 29-30
scientific realism（科学实在论） 50, 51
Scott, Sir Walter（沃尔特·斯科特爵士） 37
Scruton, Roger（罗杰·斯克鲁顿） 105
semantic theory of truth（语义性真理概念） 59-62
semantics（语义学） 62
sensation（感觉） 14-15
*Sense and Sensibility*（《理智与情感》） 87
Shaftesbury, 3rd Earl of (Anthony Ashley Cooper) 沙夫茨伯里 85
Shakespeare, William（威廉·莎士比亚） 76
Sinatra, Frank（弗兰克·辛纳屈） 76
Smith, Adam（亚当·斯密） 84-5, 86, 92-3, 94
society（社会） 92-93
sovereign power（最高权力机关） 104, 114-15
Steinway pianos（斯坦威钢琴） 75
Stoicism（斯多葛主义） 86
Strawson, Peter（皮特·斯特劳森） 10, 45
Stubbs, William, bishop of Oxford（斯图布斯主教） 20, 21, 26
success（成功） 5, 28, 29, 30, 31, 35, 36, 37, 39, 40, 50, 51-2, 53-4, 61, 83, 102
syntax（句法） 60

## T

Tarski, Alfred（阿尔弗雷德·塔斯基） 59-62
taste（品味） 69-80
Titian（提香） 76
tolerance, religious（宗教的容忍） 1, 104
Tolstoy, Leo（列夫·托尔斯泰） 74-5
translation（翻译） 8, 60-

62, 74-5

transparency property（透明性） 43-4, 45, 46, 48

truth, definition of（真理定义） 7-8

T-sentences（T语句） 59-62

## U

utilitarianism（功利主义） 64

## V

verbal equivalence（动词等价性） 9-10

virtue ethics（德性伦理学） 64-5, 84

## W

web of belief（信念之网） 39, 40

*What is Art?*（《什么是艺术?》） 79

white lies（善意的谎言） 50

Wittgenstein, Ludwig Josef Johann（维特根斯坦） 13, 19, 55, 116